SCHWINGER • HELD

HARALD SCHWINGER

Held

Roman

DRAVA

Dieses Buch wurde im Jahr 2018 mit dem Jugendbuchpreis
des Landes Kärnten ausgezeichnet.

LAND KÄRNTEN
Jugendreferat

Die Herstellung des Buches wurde durch Fördermittel
des Landesjugendreferates Kärnten ermöglicht.

Drava

DRAVA VERLAG • ZALOŽBA DRAVA GMBH
9020 Klagenfurt/Celovec
www.drava.at

Lektorat: Josef G. Pichler

ISBN 978-3-85435-882-4

I

Für Niva ist es ein Leichtes, in das Hotel einzusteigen. Das leise Klirren des Glases beim Einschlagen des Fensters ist kaum zu hören, er hat sich dicke Handschuhe angezogen, um sich nicht zu verletzen, auch, um keine Spuren zu hinterlassen. Man weiß ja, wie das läuft. Für etwas ist das Fernsehen ja doch gut. Wenn ein Verbrechen zu detailliert gezeigt wird, und sei es nur ein Einbruch, hat sich sein Vater schon oft darüber aufgeregt.

»Wer vorher nicht gewusst hat, wie es geht, der weiß es spätestens jetzt.«

Niva bleibt eine Weile vor dem eingeschlagenen Fenster stehen, lauscht in die Stille der Nacht. Als er nichts Verdächtiges hört, steigt er ein, entfernt dabei noch ein paar größere Glassplitter, die am Fensterrahmen hängen geblieben sind. Er muss vorsichtig sein, schließlich will er sich hier keine Verletzung holen und auch keine Blutspur hinterlassen.

Niva ist kein bisschen nervös. Wozu auch? Er macht ja nichts Verbotenes, sondern etwas Notwendiges. Einer muss es schließlich tun. Immer nur zu reden, wie die anderen, das reicht auf Dauer nicht aus. So wird sich nie etwas ändern. Im Gegenteil. Es wird noch schlimmer werden. Deshalb muss man die Dinge selber in die Hand nehmen, aktiv werden, ein Zeichen setzen.

Das wird er heute tun: ein Zeichen setzen.

Und was für eines! Das wird keiner so schnell vergessen.

Er hat einen Kanister Benzin mitgebracht. Nach kurzem Überlegen beschließt er, im zweiten Stockwerk anzufangen. Mit schnellen Schritten läuft er die Treppe hoch, bleibt zwischendurch immer wieder stehen, dreht sich um, horcht, ob auch niemand da ist.

In den vergangenen Monaten ist das Hotel komplett renoviert worden, in den Zimmern gibt es nagelneue Stockbetten, alles riecht noch nach frischem Holzlack. Er öffnet den Schraubverschluss des Kanisters und beginnt, das Benzin über die Betten zu gießen, öffnet die Kleiderschränke, gießt auch hier etwas hinein. Von einem Zimmer zum anderen huscht er. Auch hier: zuerst die Betten, dann die Kästen. Der Geruch ist beißend, steigt Niva in die Nase, er fühlt sich schon leicht benebelt.

Dann geht er rücklings die Treppe hinunter, auf jeder Stufe hinterlässt er eine Benzinspur.

Das wird ein richtiges Feuerwerk, denkt er.

Auch in den Zimmern des ersten Stockwerks stehen neue Stockbetten.

Was soll die Scheiße?

Wie viele von denen wollen sie denn hier ankarren?

Ruhig und bedächtig geht er bei der Arbeit vor, als hätte er alle Zeit der Welt. Im Erdgeschoß hat man eine große Küche eingerichtet, ausgestattet mit E-Herden und mehreren Kühlschränken.

Klar, denkt Niva, wenn es um die geht, spielt Geld keine Rolle. Man weiß ja, woher es kommt.

»Die Kohle kommt von uns, ihr Schweine!«, schimpft er. »Aber damit ist jetzt Schluss.«

Der Speisesaal ist ebenfalls neu möbliert, lange Tischreihen mit Sesseln, auf den Tischen mit Blumen verzierte Kärtchen mit der Aufschrift:

Willkommen/Welcome

Niva geht konzentriert vor, vom Benzingeruch ist er schon richtig high, trotzdem achtet er sorgfältig darauf, dass seine Kleidung nichts abbekommt.

Als der Kanister leer ist, sieht Niva sich zufrieden um.

»Willkommen«, sagt er. »Willkommen.«

Er klettert wieder aus dem Fenster, setzt den vorbereiteten Molli-Cocktail, den er an der Hauswand deponiert hat, in Brand und wirft ihn hinein. Die Wucht der Stichflamme, mit der sich das Benzin entzündet, überrascht ihn etwas. Zum Glück steht er nicht ganz dicht am Fenster, sonst hätte es ihm wohl ein paar Haare versengt. Niva nickt zufrieden, als er sieht, wie schnell sich die Flammen im Hotel ausbreiten.

Gut, denkt er, das ist sehr gut.

Am liebsten würde er noch eine Weile hier stehen bleiben und zusehen, wie das Feuer um sich greift, aber das wäre zu gefährlich. Er kann nicht wissen, wie lange es dauern wird, bis jemand den Brand entdeckt, und er will keinesfalls ein Risiko eingehen.

Den Kanister hat er im Hotel auf einem der Tische liegen gelassen. Ihn mitzunehmen erschien ihm als zu riskant, und dass es Brandstiftung war, würde ohnehin jeder sofort wissen. Es würde nicht einmal schwierig werden, es zu beweisen. Mit oder ohne Kanister. Aber den Täter auch auszuforschen, das ist eine andere Sache. Die Flammen werden keine Spuren übriglassen und schon gar keine, die die Polizei zu ihm führt. Denn dass die früher oder später bei ihm auftauchen werden, weiß er jetzt schon. Schließlich war er Mitinitiator der örtlichen Widerstandsgruppe gegen das Assi-Hotel gewesen, samt Facebook-Seite, die, seit sie online ist, regelrecht gestürmt wird. Alles legal, so what?

Da hat er nichts zu befürchten. Und ihm den Brand anzuhängen, das wird der Polizei nicht gelingen.

»Da seid ihr bei mir falsch«, sagt Niva leise zu sich selbst. »So schlau wie ihr bin ich allemal.«

Niva rennt im Schutz der Dunkelheit davon, zurück zu seinem Wohnblock. Er huscht das Stiegenhaus hinauf, öffnet leise die Tür zur Wohnung. Seine Eltern schlafen bereits, um Punkt zehn ist bei denen immer Schluss, da fährt der Zug drüber. Er schleicht sich in die Küche, holt sich eine Dose Cola aus dem Kühlschrank, geht in sein Zimmer, öffnet das Fenster und schaut hinaus.

Niemand hat ihn gesehen, und selbst wenn, da war er sich sicher, würde keiner ihn verraten. Er hat das schließlich für alle hier getan. Niemand will diese Verbrecher und Vergewaltiger hier haben.

Wie lange wird es wohl dauern, bis jemand den Brand entdeckt?

Es braucht nur ein paar Schlucke aus der Coladose, bis das erste Hotelfenster mit einem gewaltigen Knall explodiert.

»Wow«, sagt Niva, erstaunt und begeistert zugleich. »Wow.«

Ein Fenster nach dem anderen folgt. Ein Knall jagt den nächsten, ein Feuerwerk, wie man es nicht einmal zu Silvester zu sehen bekommt.

Das Benzin leistet ganze Arbeit. Und dann gehen auch schon die ersten Lichter in den umliegenden Wohnblöcken an.

Δ

Nivas Vater hat die letzten fünfzehn Jahre im Hotel gearbeitet. Als Hausmeister, als »Mädchen für alles«, wie er es selbst nannte. Und dann war plötzlich Schluss. Es rentiere sich nicht mehr, hieß es offiziell, aber seinem Vater konnte man nichts vormachen, er wusste genau, was dahintersteckte.

»Die brauchen den Platz für die Asylwerber, mit denen lässt sich mehr Kohle machen, so sieht's aus«, sagte er. »Wir zählen da nichts mehr. Die verkaufen uns doch alle für blöd.«

Dass sein Vater seit seiner Entlassung den ganzen Tag nur zu Hause herumlungert, nervt Niva. Und mit dem Geld läuft es auch nicht mehr allzu gut. Jetzt muss er sogar noch etwas von seinem Lehrlingsgehalt abgeben, damit die Familie über die Runden kommt.

Da läuft doch was falsch, und zwar gehörig.

»Aber was soll man dagegen tun, wir sind ja machtlos«, sagte sein Vater.

»Anzünden sollte man das Hotel, bevor man es denen überlässt«, warf Nivas Mutter ein, die früher stundenweise als Putzfrau ausgeholfen hat. Auch damit war es vorbei, als das Hotel zugesperrt wurde.

»Wir wollen *die* nicht hier«, sagte sie und wiederholte: »Anzünden sollte man das Hotel.«

»Red' nicht so dumm daher«, entgegnete sein Vater. »Als ob das was nützen würde. Für uns ändert sich dadurch bestimmt nichts.«

Aber Niva fand den Vorschlag seiner Mutter gar nicht so dumm. Warum sollte man sich einfach alles gefallen lassen? Man konnte sich doch auch zur Wehr setzen.

Genau, dachte Niva. Seine Mutter hatte vollkommen recht. Anzünden sollte man das Hotel. Dann würden die da oben schon merken, dass man sich nicht alles gefallen lässt.

Wütend war sein Vater trotzdem gewesen, auch wenn er vom Anzünden nichts hielt.

»Das Hotel ist gut gelaufen, das können die mir nicht erzählen, dass es sich nicht mehr auszahlt«, maulte er.

»Das schöne Hotel, jetzt geht alles den Bach runter.«

Seine Mutter wischte sich die Tränen aus den Augenwinkeln.

»Was soll jetzt bloß werden?«

Macht euch keine Sorgen, mir wird schon etwas einfallen, wollte Niva sagen, tat es dann aber doch nicht. Außerdem war ja das, was er tun wollte, schon seiner Mutter eingefallen. Viel nachdenken musste er also gar nicht. Er ärgerte sich ein wenig darüber, dass die Idee nicht auf seinem Mist gewachsen war.

Das hätte dir auch einfallen können. Schon längst, dachte er.

Niva ging in sein Zimmer und loggte sich auf der Facebook-Seite seiner Widerstandsgruppe ein. Immerhin, das war seine Idee gewesen und darauf war er auch mächtig stolz. Jeden Tag gab es unzählige Likes für all die Einträge, die hier gepostet wurden und die schonungslos aufzeigten, wie es in jenen Orten und Städten zuging, die es verabsäumt hatten, sich rechtzeitig zur Wehr zu setzen. Hier wurde nichts schöngeredet, so sah die Wirklichkeit aus, da konnten die Gutmenschen von Presse und Politik noch so herumeiern. Er scrollte die neuen Beiträge durch, die ihn darin bestätigten, dass es hoch an der Zeit war, zu handeln.

Franz: *Ein sehr guter Freund ist beruflich in mehreren Asylantenheimen unterwegs. Er beschreibt diese Heime wie folgt: Es ist dort dreckig, es riecht nach Fäkalien. Die Asylanten die dort untergebracht sind benehmen sich wie Schweine, sie scheißen und urinieren im Treppenhaus in den Duschen und neben den Toiletten. Selbst die eigenen Schlafstätten sind total verdreckt. Hier und da Erbrochenes. Mein Freund erzählte mir, dass einige Asylanten Übungsstunden erhalten wie sie sich bei Reporterfragen verhalten sollen.*
Britta: *Armes Land laßt diese Verbrecher erst in der Überzahl sein, dann erst! Sie gehen dann Nachts in die Häuser wenn du am schlafen bist, kaputt von der Arbeit für diese Schnorrer. Polizei wird dann keine Zeit mehr für alle haben!*

Lothar: *als chef der reinigungsfirma hätte ich solche sauereien für meine mitarbeiter als unzumutbar eingestuft und hätte die traumatisierten in ihrer eigenen scheisse stehen lassen. Sollen ihre bottiche selber sauberhalten…*
Otto: *Nur krank dieses Land, der Michel schuftet sich ab damit es den Schnorrern an nichts fehlt.*
Sissi: *Sehr nette kultivierte Menschen. Vielleicht wäre es günstiger es den Menschen einfach und auch die Heimat ein Stück näher zu bringen wenn man einfach ein paar Löcher gräbt und ihre Geschäfte dort erledigen lassen.*
Anja: *Das bei uns! denen gehört so eine auf die Fresse das die Zähne nach hinten stehen.*

Niva klappte den Laptop zu.

Anzünden sollte man das Hotel.

Von seiner Mutter hätte er das gar nicht erwartet. Aber natürlich hatte sie recht, man musste doch etwas tun. Sollte man wirklich tatenlos zusehen, wie *die* das Hotel vollscheißen? Das würde seinem Vater doch das Herz brechen. All die Jahre hatte er darauf geschaut, als wäre es sein eigenes Haus gewesen, hatte dafür gesorgt, dass immer alles tipptopp war, um den Gästen keinen Grund zu geben, sich zu beschweren. Am Wochenende nahm er sogar unbezahlte Überstunden in Kauf. Und wofür das alles? Nur, um von einem Tag auf den anderen vor die Tür gesetzt zu werden.

Um Platz zu machen für all das Gesindel, das gar nicht zu unserer Kultur passt, dachte Niva.

»Wenn die erst einmal hier sind, dann kommen gar keine Gäste mehr«, hat seine Mutter gewarnt. »Da kommt überhaupt keiner mehr in unsere schöne Stadt.«

Niva verstand nicht, dass man in der Stadtverwaltung diese Gefahr nicht erkennen wollte, dass man so blind sein konnte. Dabei hatte Krakeloh einiges zu bieten. Einen 50 Meter hohen Steinturm etwa, von dem aus man die ganze Altstadt überblicken kann. Früher war der Turm immer der Tummelplatz für ihn und seine Freunde gewesen. In waghalsigem Übermut waren sie oft an der Außenfassade hinaufgeklettert, Niva hatte die Höhe nie etwas ausgemacht, im Gegenteil, es reizte ihn, in schwindelerregender Höhe auf der Außenmauer des Turms zu balancieren. Dass ein kleiner Fehltritt seinen sicheren Tod bedeutet hätte, war ihm dabei gar nicht in den Sinn gekommen. Das war auch ein Grund dafür, sich für eine Lehre als Dachdecker zu entscheiden, dort oben fühlte er sich wohl, empfand ein Gefühl der Freiheit, wenn er über die Dachbalken und Dachlatten huschte. Selten befolgte er den Befehl seines Chefs, sich mit einem Seil zu sichern.

»Ich bin doch keine Schwuchtel«, sagte er.

Auch ein ehemaliges Gefängnis gibt es in Krakeloh. Vor zehn Jahren war es nach einem Gefangenenkrawall aufgelöst worden, einige der Zellen hatte man zu Gästezimmern umgebaut.

Erleben Sie eine Zeitreise im Knasthotel Krakeloh mit Geschichte und Geschichten hinter Gittern. Hinter den Zellentüren aus dem Jahre 1799 erwartet Sie hochwertige und originelle Ausstattung für den gehobenen Schlafvollzug.

Damit bewarben die Stadtväter diese Idee, die bei den Touristen ziemlich gut ankam, und das Gefängnishotel war fast immer ausgebucht. Für die Krakeloher wurden die Zellen in den ersten zwei Wochen nach der Eröffnung gratis zur Übernachtung angeboten und Niva ließ sich sofort auf die Anmeldeliste setzen. Letzten Endes war es für ihn aber doch eine Enttäuschung gewesen. Alles war ihm zu sauber, zu steril vorgekommen. Auch wenn er die Nacht auf einem Eisenbett verbracht hatte und ein »Gefängniswärter« mehrmals mit einem Schlüsselbund gegen die Zellentür klopfte, wollte sich damals kein richtiges Knastgefühl bei ihm einstellen. Vielleicht weil der »Wärter« ein Nachbar war, den Niva gut kannte. Aber den Touristen gefiel es und sein Vater hatte sich ebenfalls für eine Stelle als Gefängniswärter beworben.

»Würde mir Spaß machen, die zu erschrecken«, meinte er. »Und wie ich die erschrecken würde.«

Aber wenn die Assis erst einmal da waren, würde kein Mensch mehr einen Fuß in die Stadt setzen wollen. Dann stünde das Gefängnis leer und sein Vater könnte sich den Job abschminken.

Δ

Niva beobachtet das Feuer von seinem Zimmer im dritten Stock des Wohnblocks aus. Riesige Flammen schießen jetzt bereits aus dem Dach des Hotels. Von überall her hört man das Schrillen der Sirenen. Das Blaulicht der Einsatzfahrzeuge verleiht der Szenerie etwas Unwirkliches, fast Gespenstisches. In der Zufahrtsstraße zum Hotel haben sich bereits einige Bewohner des Stadtviertels versammelt. Sie bilden eine Menschenkette quer über die Straße, um die Feuerwehr daran zu hindern, bis zum Hotel vorzudringen.

Das ist gut, denkt Niva, niemand hier lässt sich mehr etwas gefallen. Alle ziehen an einem Strang.

Sein Handy brummt. Eine Nachricht von Klaus.

– *Mensch Niva wo bist du. Hier gehts voll ab sag ich dir.*

– *Komm gleich*, schreibt er zurück.

Vorerst will er den Anblick noch von hier oben genießen. Ein Meer an Funken steigt in den Himmel empor, meterhohe Flammen züngeln aus dem Dach, es prasselt, als würde ein Starkregen über der Stadt niedergehen. Eine Handvoll Polizisten versucht jetzt, die Menschenkette aufzulösen. Sie tun es nur halbherzig, Niva weiß, dass sie im Grunde auf ihrer Seite stehen. Einer wohnt sogar zwei Blocks weiter, der will *die* auch nicht hier haben.

In der Menschenmenge entdeckt Niva Stephan, der mit seiner Familie in der Nachbarwohnung lebt.

Stephan hat seinen dreijährigen Sohn mitgebracht, der hockt auf seinen Schultern und kreischt lautstark mit.

Alle halten zusammen, denkt Niva. Da rennen die vergeblich dagegen an.

Schließlich schafft es die Polizei doch, die Bewohner auseinanderzutreiben, einem Löschfahrzeug gelingt es, bis zum Hotel vorzufahren.

Aber jetzt wird es ohnehin zu spät sein, nichts wird mehr zu retten sein, in den nächsten Monaten zieht hier garantiert niemand ein, denkt Niva zufrieden.

Er hebt die Hand mit der Coladose in die Höhe.

»Prost, Niva«, sagt er. »Du bist ein Held«

Wieder brummt sein Handy. Diesmal ist es Andre.

– Wo bist du Komm wir lassen die nicht löschen!!!

– Komm gleich!

Niva verspürt aber gar keine Lust, sich mit Klaus und Andre zu treffen. Er hat seinen Teil ja bereits getan, er will den Triumph ganz für sich allein auskosten. Immerhin ist er es gewesen, der endlich gehandelt hat, seine Freunde waren zu feige dazu. Er hat die Idee mit dem Anzünden nur einmal kurz anklingen lassen, aber alle haben gleich abgewunken.

»Sollte man zwar machen, da bin ich dafür, aber wenn sie dich erwischen, bist du deinen Job los. Das kann ich mir nicht erlauben«, hat Klaus gesagt.

»Ja, genau«, stimmte Andre zu.

Zu riskant?

Zu feige, dachte Niva.

Die Polizei geht jetzt energischer gegen die Bewohner vor, die immer wieder das Löschfahrzeug einkreisen, um die Feuerwehrleute zu blockieren.

Einer der Feuerwehrleute schreit:

»Wenn wir nicht bald löschen, fackelt das ganze Viertel ab!«

Ein Kran mit Korb und zwei Feuerwehrleuten fährt hoch.

»Lasst es brennen, lasst es brennen«, rufen die versammelten Bewohner im Chor, auch wenn sie jetzt Platz machen für das zweite Löschfahrzeug. Ein zweiter Kran fährt hoch, aber gegen dieses Flammenmeer nehmen sich die Löschstrahlen lächerlich mickrig aus.

Niva zerdrückt die leere Coladose und schleudert sie mit einem kräftigen Schwung aus dem Fenster.

»Für euch, ihr Scheißbullen«, schreit er.

Dann klopft er an das Schlafzimmer seiner Eltern, die bis jetzt noch nichts vom Brand mitbekommen haben. Niva will nicht, dass sie dieses Ereignis einfach verschlafen. Er öffnet die Tür, macht Licht.

»Das Hotel brennt«, sagt er.

»Was ist los?«, murrt sein Vater.

»Das Hotel brennt!«, wiederholt Niva jetzt lauter.

Bevor der etwas kapiert, ist alles vorbei, denkt Niva und dreht seine Augen über.

»Das Hotel, es brennt!«, schreit er diesmal.

Das zeigt endlich Wirkung. Sein Vater springt aus dem Bett, stellt sich ans Fenster und schaut hinaus auf das Flammenmeer.

»Da leckst du mich doch am Arsch«, sagt er und dann: »Britta, Mensch, Britta, wach auf! Das Hotel brennt.«

Auch Britta ist jetzt munter und stemmt sich schwerfällig vom Bett auf. Seit sie nicht mehr arbeitet, hat sie einiges an Gewicht zugelegt. Kein Wunder, richtig viel Bewegung hat sie ja nicht und Sport kommt bei ihr schon gar nicht in Frage. Dass seine Mutter sich so ausdehnt, gefällt Niva zwar nicht, aber was soll er tun? Und sie darauf ansprechen will er schon gar nicht. Niva ist sich ziemlich sicher, dass sie dann wie eine Furie auf ihn losgehen würde, und das will er lieber nicht riskieren. Außerdem stellt sie ihm jeden Tag das Essen auf den Tisch und wäscht ihm auch die Wäsche. Zwei unbedingte Gründe für Niva, sich mit seiner Mutter nicht zu streiten, denn da kann er nur den Kürzeren ziehen.

Sie hält sich eine Hand vor den Mund, während sie sich mit der anderen an Nivas Vater klammert.

»Mein Gott«, sagt sie. »Das schöne Hotel!«

»Komm, zieh dich an. Das wollen wir uns aus der Nähe ansehen.«

Nivas Mutter kriegt sich gar nicht mehr ein.

»Das schöne Hotel, das schöne Hotel, das schöne Hotel …«, murmelt sie in einem fort.

»Komm jetzt endlich«, schimpft Nivas Vater. »Beeil dich.«

Die beiden drängen sich an Niva vorbei.

»Kommst du nicht mit?«, fragt sein Vater.

»Nein, keine Lust.«

»Das schöne Hotel«, wiederholt seine Mutter, dann sind die beiden bei der Tür hinaus und Niva geht zurück in sein Zimmer.

»Advent, Advent, ein Asylheim brennt«, murmelt er, auch wenn Advent noch ein gutes Stück entfernt ist.

Niva fühlt sich plötzlich erschöpft und müde, legt sich auf sein Bett. Es ist bereits drei Uhr in der Früh, in vier Stunden muss er raus, zur Arbeit. Vielleicht gibt sein Chef den Arbeitern heute frei, zur Feier des Tages sozusagen. Immerhin war er auch nicht gerade begeistert von der Idee, dass *die* ausgerechnet nach Krakeloh kommen.

»Wenn das so weitergeht, dann sind wir bald in der Minderheit hier. Da kommen nicht nur Anständige zu uns, sondern auch welche von der ganz üblen Sorte«, sagte er, wenngleich er mit seiner Firma einiges bei den Umbauarbeiten des Hotels verdient hat.

Daraus wird jetzt nichts, keiner kommt hierher, weder die üble Sorte noch die andere, denkt Niva.

Und dass ausgerechnet er es ist, der die Stadt davor bewahrt hat, macht ihn stolz.

▲

Als der Wecker klingelt, steht Niva auf. Er hat sich nicht einmal ausgezogen, für die paar Stunden hätte es sich gar nicht ausgezahlt. Er steuert geradewegs auf das Fenster zu, das noch immer geöffnet ist. Er wundert sich, dass er überhaupt schlafen konnte, denn noch immer ist vor der jetzt ausgebrannten Hotelruine die Hölle los. Polizisten, Feuerwehrleute, und, noch schlimmer, Journalisten und Kameraleute laufen aufgeregt hin und her. Die meisten Bewohner haben sich bereits wieder in ihre Wohnungen verzogen und mit

Reportern will hier ohnehin keiner was zu tun haben. Zu Recht. Die verdrehen einem ja doch nur jedes Wort im Mund.

Da können sie sich ihre Interviews gleich selber geben, denkt Niva.

Er geht ins Badezimmer, wäscht sich sein Gesicht, seine Hände. Sie riechen immer noch ein wenig nach Benzin, oder vielleicht bildet er sich das nur ein. Vorsichtshalber seift er sie noch einmal kräftig ein und hält sie danach lange unter das fließende Wasser. Er schnuppert noch einmal, schnappt sich dann die Handcreme seiner Mutter, die leicht nach Zitrone riecht.

»Jetzt ist es perfekt«, sagt er zufrieden in den Spiegel hinein, als würde er mit seinem Spiegelbild reden.

Niva zieht sich frische Klamotten an, lauscht kurz an der Schlafzimmertür seiner Eltern. Nichts zu hören. Während er die Treppen hinunterläuft, beschließt er, heute nicht zur Arbeit zu gehen. Er holt sich sein Fahrrad aus dem Kellerabteil.

Noch bevor er aufsitzen kann, hat ihn eine Reporterin entdeckt. Sie kommt sofort auf ihn zu gerannt.

»Was halten Sie vom Hotelbrand?«, fragt sie aufgeregt.

»Welches Hotel? Ich sehe kein Hotel«, entgegnet Niva und fährt los.

Die Reporterin sieht ihm noch immer verdutzt nach, als er sich umdreht und »Fick dich!« ruft. Er tritt kräftig in die Pedale, sieht erst wieder richtig auf, als er beim Stausee angekommen ist. Er stellt das Fahrrad ab, hockt sich auf einen der größeren Steine und zündet sich eine Zigarette an. Er denkt an das Gesicht der Reporterin und grinst. Sein Verhalten wird reichen, um dieser Tusse wieder reichlich Stoff für einen Artikel zu liefern.

Er zieht sein Handy aus der Jackentasche. Im Netz ist der Hotelbrand bereits Thema Nummer eins.

Kleinstadt im Schock, Feuer in Asylhotel, Brandstiftung nicht ausgeschlossen.

Einen ersten Kommentar des Krakeloher Bürgermeisters gibt es auch schon.

»Sollte es wirklich Brandstiftung gewesen sein, dann bin schockiert, dass so etwas in unserer Stadt möglich ist. Noch ist aber unklar, wie es zum Brand gekommen ist.«

Unklar? Das glaubt der doch selbst nicht, denkt Niva.

Sein Handy summt, eine neue Nachricht. Von Franko.

– *Gut gemacht, ich weiß Bescheid*, schreibt er.

– *Was weißt du?*, schreibt Niva zurück.

– *Meiner Meinung nach brennen noch zu wenig Asylunterkünfte.*

– *Idiot, damit habe ich nix zu tun!*

Das ist typisch Franko, weniger Hirn im Kopf als eine Stubenfliege. Ihm solch einen Scheiß am Handy zu schreiben, wo doch jeder weiß, dass die Polizei überall ihre Nase drin hat. Und nach dem Brand wird es noch ärger werden. Die sind jetzt aufgescheucht und müssen für die Presse, so schnell es nur geht, Ergebnisse vorweisen. Und dieser Franko mit seinem Spatzenhirn liefert denen einen Schuldigen frei Haus. Niva könnte aus der Haut fahren vor Wut.

– *alles klar, bist'n Held. Nicht nur für mich*, schreibt Franko.

Dumm wie Brot, denkt Niva, noch immer wütend und löscht die Mitteilungen sofort.

Er raucht noch eine Zigarette und als er sich wieder einigermaßen beruhigt hat, loggt er sich bei der Widerstandsgruppe ein. Auch hier geht es schon ordentlich rund.

Anelein: *Obwohl niemand weiss bisher aus welchem Grund dieses Feuer ausgebrochen ist werden sofort Spekulationen in die Welt gesetzt die typisch für Medien sind.*
PS Reini: *klaro, die Pressefitzis wissen immer schon alles bevor es überhaupt passiert ist*
Mirko: *Ein Brand ist zwar eine rustikale Art sein Land zu schützen. Offensichtlich ist das aber der einzige Weg, die Politik wachzurütteln und zu zeigen, was Demokratie bedeutet-nämlich die Mitbestimmung der Bürger im eigenen Land!*
Tatjana: *Das nenne ich Mut der Bürger!!!!!*
Shmiss: *In Krakeloh lässt man sich wenigstens nichts gefallen. Weder von den Lügenmedien, noch von der korrupten Politikerbande, die schon lange gegen die Interessen des Volkes regiert.*
PS Reini: *Im Radio sagten sie, dass sich die Angriffe auf Asylheime verdoppelt haben. Aber das sich die Anzahl der Heime verfünfzigfacht, oder so, hat sagt niemand. Wer in Mathematik aufgepasst hat, kann jetzt nur lachen. Die verarschen uns nach Strich und Faden.*
Wolf: *… weiter so … weg mit dem Gesindel! Wundert mich sowieso das für die Schmarotzer noch einer die Finger krumm macht! Haben die nicht verdient, gleich Abschiebung ohne Verhandlung! und Grenzen dicht ….!!!*
Lot: *Hört euch doch die saudooxe Fragen der Medien zum Brand an: Warum schimpft ihr uns Lügenmedien ??? Ja, warum wohl.*
Mihar: *… ist eine absolute Lachnummer was berichtet werden darf das hat die regierung doch vorgeschrieben …*

Da hat er ganz schön was in die Gänge gebracht, denkt Niva. Wenn die wüssten, dass er das Hotel in Brand gesteckt hat, die würden ihn jetzt bestimmt groß abfeiern.

Niva wirft ein paar Steine ins Wasser, dann ruft er in der Firma an, um sich krank zu melden. Zum Arbeiten hat er heute so überhaupt keine Lust. Sein Chef klingt zwar etwas verärgert, aber er scheint nicht sonderlich überrascht.

»Andre und Klaus sind auch nicht da«, sagt er. »Die haben es gestern zu wild getrieben. Warst wohl auch dabei?«

»Nein, ich bin im Bett gelegen«, sagt Niva.

»Im Bett gelegen, während vor deiner Haustüre das Hotel abbrennt?«

»Ich habe es nur vom Fenster aus gesehen. Mir ging es nicht so gut.«

»Die beiden wurden verhaftet. Haben sich stockbesoffen mit der Polizei und den Feuerwehrleuten geprügelt, weil sie nicht wollten, dass die den Brand löschen. Die Spinner.«

»Verhaftet?«

»Wird wohl nicht so schlimm sein. Was soll die Polizei mit zwei besoffenen Jugendlichen schon machen? Anzeige, Geldstrafe, mehr wird es nicht werden. Verletzt wurde ja niemand, wie ich gehört habe.«

»Üble Sache.«

»Übel wird es nur für den, der das Hotel abgefackelt hat. Das Ding kann man nur mehr wegschieben. Falls man den überhaupt erwischt.«

»Ja, falls.«

»Gleich drei Leute weniger im Betrieb, das ist hart. Kann man nichts machen.«

»Tut mir leid«, sagt Niva. »Morgen bin ich wieder einsatzbereit.«

Klaus und Andre haben sich also mit den Bullen angelegt. Auch nicht schlecht. Wenigstens müssen sie jetzt nicht im halb besoffenen Zustand auf der Baustelle rackern, sondern können in aller Ruhe in der Zelle ihren Rausch ausschlafen. Das zumindest haben sie sich für ihren Einsatz wirklich verdient. Wahrscheinlich hat sein Chef sogar recht damit, dass den beiden nichts weiter passieren würde. Ein bisschen Widerstand gegen die Staatsgewalt, was soll da schon groß dabei herauskommen? Bei ihm liegt die Sache ein wenig anders, dessen ist sich Niva durchaus bewusst. Das ist jetzt keine so kleine Sache gewesen, über die man einfach so hinwegblicken wird. Vorausgesetzt natürlich, man kommt ihm irgendwie auf die Schliche. Niva geht im Kopf noch einmal seinen Einstieg in das Hotel durch. Handschuhe hatte er an, verletzt hat er sich nirgendwo, das Benzin hatte er bereits vor Wochen gekauft und der Kanister ist mit Sicherheit vollständig verbrannt. Weit und breit also keine Spuren in Sicht.

Er würde am liebsten den ganzen Tag am Stausee verbringen, aber irgendwie hat er die Befürchtung, sein Chef könnte plötzlich vor der Tür stehen, um nach ihm zu sehen. Oder gar, um mehr über den gestrigen Abend zu erfahren. Sehr unwahrscheinlich zwar, aber dennoch kann Niva den Gedanken nicht ganz abschütteln und deshalb kann er sich hier auch nicht richtig entspannen. Dann ist es gleich besser, den Tag gemütlich im Bett zu verbringen. Zudem schieben sich jetzt auch ein paar Wolken vor die ohnehin noch schwache Februarsonne und der einsetzende Wind lädt nicht gerade zum Verweilen ein.

▲

Für den Nachhauseweg benützt Niva ein paar Schleichwege. Schließlich will er nicht, dass ihn jemand aus der Firma sieht, das wäre ihm unangenehm. Auch wenn er weiß, dass sein Chef ihm die Geschichte mit dem Kranksein ohnehin nicht abgekauft hat.

Neben dem Hotelfenster, durch das er gestern mit dem Benzinkanister eingestiegen ist, hat jemand ein Hakenkreuz auf die Mauerruine gesprayt, das gestern definitiv noch nicht da war. Ein paar Fotografen stehen davor und fotografieren es.

Damit wird wohl wieder bewiesen werden, wer hinter dem Brandanschlag steckt.

Das Übliche eben, denkt Niva.

Wahrscheinlich haben die Journalisten das selbst hingesprayt. Damit sie was zu schreiben haben. Wie immer wird es heißen, der Täter kommt aus der rechten Szene, der Begriff *Nazi* wird wieder mal auf und ab gespielt werden.

Dabei hat er mit Rechten und Nazis so überhaupt nichts am Hut. Jeden, der es wagen würde, ihn als Nazi zu bezeichnen, dem würde er eine in die Fresse hauen. Seine Aktion hat nichts mit Nazi zu tun, es geht einfach um Gerechtigkeit. Man hat seine Mutter und seinen Vater eiskalt abserviert, ihnen die Arbeit gestohlen und sie dadurch zu Bürgern zweiter Klasse gemacht.

Das ist *Nazi*!

Er wollte nur gegen diese Ungerechtigkeit protestieren. Man kann sich doch nicht einfach seine Existenz auslöschen lassen, ohne sich dagegen zu wehren. Ist das Leben von diesen hässlichen Affen, die man zu Millionen importiert, mehr wert als das seiner Eltern? Aber diese primitiven Gutmenschen werfen immer alle in einen Topf.

So sind die, denkt Niva. Wenn dir etwas nicht passt, und du was dagegen sagst, bist du gleich ein Nazi.

»Ihr seid alle zum Kotzen«, will er den Fotografen zurufen, die gar nicht genug kriegen können vom Hakenkreuz, lässt es dann aber bleiben. Er will nicht unnötig auffallen.

»Die sollte man samt ihren Asylanten in die Sahara schicken«, flüstert Niva wütend, während er das Rad im Keller verstaut.

Seine Eltern sitzen am Küchentisch, jeder eine Tasse Kaffee vor sich und starren mit verschlafenen Augen in den Fernseher. Auch hier: Der Brandanschlag in Krakeloh, Aufnahmen vom Feuerwehreinsatz, von johlenden Menschen.

»Frühstück?«, fragt Niva.

»Nimm dir was aus dem Kühlschrank«, sagt Nivas Mutter, wie gebannt auf den Bildschirm glotzend.

»Bist du nicht in der Arbeit?«, fragt sein Vater.

»Ich habe mir freigenommen. Ging mir nicht so gut in der Früh.«

»Freigenommen? Geht das heutzutage so? Man hat keine Lust und nimmt sich einfach frei?«

Jetzt kommt gleich wieder die alte Leier, denkt Niva.

Zu meiner Zeit hätte es das nicht gegeben. Keinen einzigen Tag Krankenstand. So etwas gab's bei mir nicht.

»Die werden dich noch rausschmeißen und dann stehst du da«, sagt sein Vater. »Ich war nie, auch nicht nur einen einzigen Tag im Krankenstand.«

»Dafür hast du jetzt umso mehr Zeit«, schnauzt Niva zurück.

»Werd nur nicht frech! Solange du hier wohnst, wird nach meinen Regeln gespielt.«

Auch diesen Spruch kennt Niva schon zur Genüge.

»Hört doch mal auf zu streiten, ich möchte hören, was die reden«, sagt Nivas Mutter mit dem Kopf Richtung Fernseher deutend.

»Die reden ohnehin nur Scheiße«, sagt Niva gereizt, öffnet die Kühlschranktür, schlägt sie wieder zu. Die Lust auf ein gemeinsames Frühstück ist ihm vergangen.

»Ruhe jetzt«, faucht die Mutter.

Der Bürgermeister tritt vor die Kamera, er wirkt abgekämpft.

»Diese Schwuchtel«, sagt Niva.

»Ruhe!«, wiederholt seine Mutter.

Δ

Ein bisschen anders hat sich Niva den Tag danach schon vorgestellt. Dieses erhabene Gefühl, das er noch gestern beim Betrachten des Brandes verspürt hat, ist mittlerweile verschwunden und will sich auch nicht mehr einstellen. Und schuld daran ist sein Vater, der ihn wegen eines idiotischen versäumten Arbeitstages so heruntermachen muss. Als ob es nichts Wichtigeres im Leben gäbe, als Arbeit, Arbeit, Arbeit.

Zu meiner Zeit hätte es das nicht gegeben.

Ausgerechnet der! Hängt selbst den ganzen Tag nur herum und kriegt nichts mehr auf die Reihe. Aber tut so, als hätte er alles im Griff. Dabei ist er nur zu feige, sich zu wehren. Schon damals, als Hausmeister, hat er sich alles gefallen lassen, hat so getan, als wäre er der Wichtigste auf dem Gelände, als hinge der funktionierende Hotelbetrieb einzig und allein von seiner Person ab.

»Die brauchen mich da halt dringend«, hat er immer gesagt, wenn er am Wochenende einrücken musste. Es gab eine Zeit, da hat Niva seinem Vater diese zur Schau getragene Wichtigkeit sogar abgekauft, aber irgendwann war ihm klargeworden, dass man seinen Vater nach Strich und Faden verarschte. Er war nicht wichtig, er ließ sich nur alles gefallen, war immer zur Stelle, maulte nie zurück. Nie hätte er gesagt: »Heute habe ich keine Zeit« oder »Leckt mich am Arsch, Wochenende ist Familie.« Das war der wahre Grund, warum er so unverzichtbar war. Genützt hat es ihm aber letztlich auch nichts. Ein kurzes Gespräch, ein freundliches Danke und das war's dann. Aus und vorbei mit *wichtig*. Und jetzt? Sitzt den ganzen Tag vor dem Fernseher, während seine Frau in aller Ruhe neben ihm verfettet und er merkt es nicht einmal. Obwohl er kaum aus dem Haus geht.

So wütend ist Niva, dass er am liebsten laut schreien würde. Oder die Zimmertür mit solch einer Wucht zuschlagen, dass es sie aus den Angeln hebt. Er fühlt sich wie eingesperrt. Wäre er doch lieber am Stausee geblieben, da hätte er seine Ruhe gehabt und bestimmt wäre seine gute Laune auch noch nicht verflogen. Stattdessen hockt er jetzt auf der Bettkante und fühlt sich irgendwie ausgelaugt und leer. Fast so, als wäre er wirklich krank.

Nicht gerade die passende Stimmung für jemanden, der gerade sein Stadtviertel vor einem großen Unglück bewahrt hat.

Nein, nicht gerade passend für einen Helden, denkt Niva.

Trotz seines Ärgers muss Niva eingeschlafen sein, er spürt ein heftiges Rütteln an der Schulter, hört eine Stimme, die seines Vaters.

»Wach auf, Junge! Die Polizei ist da!«

Polizei? So schnell?

Trotzdem ist Niva nicht wirklich überrascht. Er ist nicht dumm, natürlich wusste er, dass früher oder später die Polizei auftauchen würde. Dass sie das ganze Viertel abklappern würden auf der Suche nach Zeugen.

Haben Sie etwas bemerkt oder etwas Verdächtiges gesehen vielleicht? Ist Ihnen vielleicht etwas Ungewöhnliches aufgefallen?

Solche Fragen werden sie den Bewohnern stellen, schließlich haben sie einen Fall aufzuklären, eine Brandsache.

Nur cool bleiben, dann kann gar nichts schiefgehen, denkt Niva, spürt aber trotzdem ein ziemlich flaues Gefühl im Magen. Dinge im Kopf durchzuspielen ist doch etwas anderes, als sie in der Wirklichkeit zu erleben. Aber dass die so schnell hier aufkreuzen. Damit, das muss er zugeben, hat er nicht gerechnet. Ist irgendwas schiefgelaufen, hat er etwas übersehen? Nein, bestimmt nicht. Alles okay, alles bestens, nichts ist schiefgelaufen. Alles nur Routine. Polizeiroutine.

»Kommst du?«, ruft sein Vater noch einmal, bevor er das Zimmer verlässt.

»Ja, komme schon!«, antwortet Niva.

Er steht auf, geht ins Badezimmer, dreht den Wasserhahn auf, kühlt sein Gesicht mehrmals mit Wasser.

»Einfach nur cool bleiben«, flüstert er seinem Spiegelbild zu.

Zwei Polizisten stehen in der Küche, der eine hat in etwa Nivas Größe, der andere ist kleiner, dafür dicker. Nivas Vater sitzt am Tisch, ihm gegenüber seine Mutter.

»Das schöne Hotel, ist das nicht eine Schande?«, sagt seine Mutter gerade, als er reinkommt.

Niva spürt die Blicke der Polizisten, kein sehr angenehmes Gefühl, er räuspert sich, sagt dann:

»Hallo.«

Es hört sich fast ein bisschen zu piepsig an, findet er.

Cool bleiben, jetzt einfach nur cool bleiben.

Die Polizisten wollen wissen, wo er gestern Abend gewesen ist.

»Zu Hause war ich«, antwortet Niva.

Ob er etwas vom Brand mitbekommen hätte? Und wenn ja, wie und was?

»Ich schlafe immer bei offenem Fenster«, sagt Niva. »Da habe ich es gehört, das war so laut wie bei einem Feuerwerk.«

»Der Junge hat uns dann geweckt«, mischt sich sein Vater jetzt ein.

Niva ist erleichtert über diese kurze Verschnaufpause.

»Wir haben das gar nicht mitbekommen. Aber der Junge ist plötzlich im Zimmer gestanden und hat uns geweckt. ›Das Hotel brennt‹, hat er gesagt. Das wollte ich zuerst gar nicht glauben, aber dann habe ich es selbst gesehen. Vom Fenster aus. Und dann sind wir natürlich runter, meine Frau und ich, das wollten wir dann schon auch von der Nähe sehen.«

»Da waren Sie ja nicht allein.«

»Nein, allein waren wir bestimmt nicht!«, antwortet sein Vater und sieht den Polizisten an. »Aber wenn Sie glauben, wir hätten uns da auch in den Weg gestellt, um die Feuerwehr zu behindern, dann täuschen Sie sich. Sowas mache ich nicht. Im Gegenteil. Ich hatte Angst, dass das Feuer übergreift, und dann gute Nacht. Dann säßen wir jetzt nicht hier.«

»Das schöne Hotel, einfach abgebrannt«, fügt seine Mutter mit zittriger Stimme hinzu. »Eine richtige Schande.«

Die weiteren Fragen der Polizisten entsprechen genau dem, was Niva erwartet hat.

Ob sie etwas Verdächtiges gehört oder gesehen hätten, ob ihnen vielleicht etwas Ungewöhnliches aufgefallen sei an jenem Abend?

Nein, nichts hätten sie gesehen oder gehört. Nichts Verdächtiges, nichts Ungewöhnliches. Darin sind sich Niva und seine Eltern einig.

Damit ist für die Polizisten die Arbeit erledigt, sie verabschieden sich, bedanken sich noch einmal für die Auskünfte.

»Falls Ihnen doch noch etwas einfällt, hier können Sie sich melden«, sagt der kleine Fette und legt eine Karte auf den Tisch.

Wie im Film, denkt Niva.

»Du siehst etwas blass aus«, sagt der andere Polizist zu Niva.

»Ich fühle mich auch nicht so gut.«

»Zu viel Rauch abbekommen?«, fragt der Fette, ohne den zynischen Unterton verbergen zu wollen.

Er grinst dabei und schaut Niva mit so einem seltsamen, durchdringenden Blick an, dass Niva spürt, wie ihm innerlich heiß wird.

»Ich bin im Zimmer geblieben, habe mir alles nur von hier oben angesehen«, entgegnet er.

Schon wieder ein bisschen zu piepsig.

Die Polizisten sehen sich kurz an, nicken und gehen. Als die Tür hinter ihnen zuschlägt, fühlt sich Niva erleichtert und auch ein wenig zittrig zugleich. Er will sich ein Gespräch mit seinen Eltern ersparen und verschwindet gleich wieder in seinem Zimmer. Niva setzt sich an den Schreibtisch, schaltet den Computer ein, setzt den Kopfhörer auf. Aber der Computer ist noch nicht einmal ganz hochgefahren, als sein Vater plötzlich neben ihm steht und ihm deutet, sich die Kopfhörer abzunehmen. Er schaut Niva eine Zeit lang schweigend an.

»Ich habe es gerochen«, sagt er dann und Niva versteht nicht, was er meint.

»Was gerochen?«

»Benzin! Ich habe Benzin gerochen!«

»Benzin?«

Niva weiß noch immer nicht genau, was sein Vater eigentlich von ihm will.

»Als du uns geweckt hast, gestern, um uns zu sagen, dass das Hotel brennt. Da habe ich es gerochen. Als ich an dir vorbeigegangen bin. Da hast du nach Benzin gestunken. Deine Mutter hat nichts bemerkt, weil sie zu aufgeregt war, aber ich, ich habe es gleich gerochen.«

»Du spinnst!«, sagt Niva und knallt den Kopfhörer, den er bis jetzt in der Hand gehalten hat, auf den Tisch.

»Ich hätte es fast wieder vergessen. Aber jetzt, mit den Polizisten, da habe ich gesehen, dass du Angst hast, dass deine Stimme zittert. Da ist mir der Geruch wieder eingefallen.«

»Du spinnst doch!«, entgegnet Niva. »Erstens habe ich keine Angst und zweitens gibt es kein Benzin.«

Seine Stimme überschlägt sich fast vor Erregung.

»Beruhig dich wieder«, sagt sein Vater. »Ich will nicht, dass deine Mutter das erfährt. Aber mir brauchst du nichts vorzumachen, mir nicht. Ich weiß Bescheid.«

Niva ist noch immer fürchterlich aufgeregt. Er springt jetzt vom Schreibtisch auf und kann es einfach nicht glauben. Dass sein Vater ihn so schnell aufgedeckt hat, wo er doch so darauf geachtet hat, keine Spuren zu hinterlassen. Und dann, ausgerechnet sein Vater! Zugeben will er es aber nicht so schnell.

Als sein Vater sagt: »Das ist keine leichte Sache, was hast du dir bloß dabei gedacht?«, wiederholt Niva nur trotzig: »Du spinnst doch!«

▲

Andre, Klaus und Franko sind bester Laune. Sie haben eine Kiste Bier angeschleppt, die sie zum Kühlen ins Wasser stellen. Ein paar Würstchen haben sie auch besorgt. Niva hat ein paar trockene Äste gesammelt und vor der Grillstelle, die mit großen Steinen umrandet ist, aufgehäuft. Zum Sitzen haben sie sich größere Stücke trockenes Schwemmholz zurechtgelegt. An den Wochenenden zählt das zu einem fixen Ritual: Grillen am Stausee, dazu ein paar gekühlte Biere trinken, wenn man dann erst ein bisschen übermütig ist, endet das Ganze meist mit ziemlichem Gegröle und Geschubse, wenn einer versucht, den anderen ins Wasser zu zerren. Jeder gegen jeden heißt es dann.

Aber Niva will heute nicht so richtig in Fahrt kommen. Das bleibt auch den anderen nicht verborgen.

»Was hast du denn?«, fragt Klaus.

»Gar nichts habe ich, was soll ich denn haben?«, antwortet Niva, kann das Gereizte in seiner Stimme aber nicht wirklich verbergen.

Es ärgert ihn, dass Andre und Klaus sich so aufspielen, nur weil sie ein bisschen mit den Bullen gerauft haben. Als wäre das eine Heldentat gewesen. Noch dazu, wenn man genug getankt hat und sich dann mutig fühlt.

In Wirklichkeit hat das gar nichts mit Mut zu tun, nur mit dem Alkohol, denkt Niva.

Bei ihm lief die Geschichte anders, er musste sich keinen Mut antrinken, bevor er das Hotel in Brand steckte. Eine Woche war das jetzt her. Für ihn war es ein bewusster Schritt gewesen, weil er etwas ändern wollte, keine der üblichen Rauschaktionen, die man eben macht, weil man halt gerade so lustig ist, und sich am nächsten Tag gar nicht mehr richtig erinnern kann.

Niva hat sich die Geschichte von Andre und Klaus in den letzten Tagen schon zu oft anhören müssen, immer dieselbe Leier. Sobald sie eine Pause bei der Arbeit einlegten, ging es los: *Bla, bla, bla …*

Auch hier und heute wird es nicht anders werden, das weiß Niva jetzt schon. Spätestens nach dem dritten Bier wird es wieder losgehen. Zuerst sitzt man noch gemütlich rund um die Feuerstelle, redet über dieses oder jenes, aber dann wird einer der beiden plötzlich aufspringen und die Geschichte wieder aufwärmen. Zum zigsten Mal, und so kommt es tatsächlich. Von Mal zu Mal nervt es Niva mehr, während die beiden sich vor Lachen nicht mehr einkriegen. Und Franko, dumm wie Brot, lacht sowieso immer mit. Auch wenn er die Geschichten mittlerweile ebenfalls in- und auswendig kennt. Andererseits ist Franko der Einzige, der Niva sofort mit dem Brandanschlag in Verbindung gebracht hat. Und das hat ihn doch ein wenig stolz gemacht. Franko hätte es ihm ja nicht unbedingt am Handy schreiben müssen. Dieser Brotkopf!

Niva kann sich gar nicht mehr erinnern, wie Franko eigentlich in ihrer Clique gelandet ist oder warum er noch immer so gerne mit ihnen hier abhängt. Die meiste Zeit ist er mit seinen Kumpels zusammen, die sich »Waldgänger« nennen und einmal im Monat ein Wochenende in den umliegenden Wäldern verbringen, sich Hütten aus Baumrinden bauen und auf Betten aus Laub, Moos und Zweigen schlafen. Um hier den Widerstand zu proben, wie Franko es ausdrückt.

»Wenn die Katastrophe ausbricht, muss man wissen, wie man in den Wäldern überleben kann. Einem Staat kann man nicht vertrauen, man muss lernen, auf sich selbst gestellt zu kämpfen.«

Wenn es um die »Waldgänger« geht, ist Franko oft nicht mehr zu stoppen, obwohl er sonst eher ein stummer Fisch ist, nicht einmal wenn er trinkt, wird er redseliger. Ein richtiges Gespräch kann man mit ihm eigentlich nicht führen, findet Niva, weil er entweder gar nicht oder immer nur so krudes Zeug redet. Den Wald als *Gegenort zum Staatsgebilde* bezeichnet oder von der Pflicht, *sich gegen die Befehle der verwalteten Welt aufzulehnen.* Damit können Niva und auch Klaus und Andre nicht wirklich etwas anfangen. Immer, wenn Franko loslegt, sehen sich die drei nur an und hören schweigend zu, bis Franko wieder runterfährt und in sein übliches Schweigen versinkt. Was allen dreien, zugegebenermaßen, lieber ist. Ein paar Mal wollte er Niva dazu überreden, zu solch einem Waldtreffen mitzugehen, aber Niva hat dankend abgelehnt. Dass Franko ab und zu mit am Stausee ist, reicht völlig. Ein ganzes Wochenende, das würde er bestimmt nicht überleben, davon ist Niva überzeugt. Aber heute sind ohnehin Klaus und Andre am Zug.

»Weißt du noch«, beginnt Andre die gleiche Leier, »wie ich den Bullen in den Schwitzkasten genommen habe? Mindestens eine Minute lang hab ich ihn so unter meine Achsel geklemmt.«

Er springt auf, um das Ganze auch mit entsprechenden Gestiken in Szene zu setzen.

»Der arme Bulle! Der konnte sich wahrscheinlich gar nicht wehren, weil er von deinem Schweißgestank ohnmächtig geworden ist«, kichert Klaus.

»Der hat Schiss gehabt, das habe ich gespürt. Durch seine Uniform hindurch. Richtig Schiss!«

Jetzt ist auch Klaus aufgesprungen, stellt sich breitbeinig auf und streckt die Arme von sich.

»Und ich? Ich habe mich vor diese Feuerwehrleute hingestellt und gesagt: Hier ist Endstation, an mir kommt ihr nicht vorbei! Hier wird nicht gelöscht!«

Die beiden lachen sich schief, während Niva nur ins Feuer starrt und sich wünscht, die beiden würden endlich einmal ihr Maul halten. Franko kaut grinsend an einem halbverkohlten Würstchen.

»Da hast du wirklich etwas versäumt«, sagt Andre und deutet mit der Bierflasche, die er in der Hand hält, auf Niva.

»Ja!«, ruft Klaus. »Echt!«

»Er hatte eben keine Lust«, sagt Franko und es klingt, als müsste er Niva vor den beiden verteidigen. Das geht Niva erst recht gegen den Strich. Niemand braucht ihn zu verteidigen, noch dazu, wo er es war, der …

»Oder er war zu feig!«, sagt Klaus mit gedämpfter Stimme, wirft die leere Bierflasche hinter sich und holt sich eine neue.

»Ja, sag mal! Warst du zu feige?«, fragt Andre, als hätte er einen Papagei verschluckt, der jeden Scheiß, den Klaus sagte, nachplappern muss.

»Blödsinn«, ruft Franko. »Niva ist nicht feige!«

Man versteht kaum, was er sagt, weil er gleichzeitig vom Würstchen abbeißt und dabei schmatzt wie ein Schwein.

»Bring mir auch ein Bier mit!«, ruft Andre Klaus zu.

Franko sieht Niva an, als wolle er sagen ›Jetzt sag doch endlich auch etwas‹, aber Niva tut so, als wäre er irgendwie abwesend, legt nur ein weiteres Holzstück ins Feuer und nippt an der Bierflasche. Er weiß, dass seine Freunde ihn nur provozieren wollen, und er hat keine Lust, auf das Spiel einzusteigen. Obwohl, das mit dem Feigsein sollten sie besser nicht wiederholen, sonst könne er für nichts garantieren.

Klaus zieht sich plötzlich sein T-Shirt in die Höhe.

»Schau mal!«, fordert er Niva auf. »Original Tosi.«

Andre folgt Klaus' Beispiel und entblößt ebenfalls seinen Oberkörper.

»Auch hier, ein echter Tosi!«, ruft er.

TOS – das ist ein kleines Tätowierstudio in Krakeloh und ist die Abkürzung für »The Other Side«. Bisher hat sich Niva nur ein kleines Tattoo stechen lassen, und das auch nur, weil Tina, der das Studio gehört, eine Freundin ist. Einige Jahre älter zwar, aber Niva fühlt sich mit ihr irgendwie verbunden. Angefangen hat es damit, dass sie Niva, als er einmal bei einer Party zu viel getrunken hatte und sich andauernd übergeben musste, mit zu sich nach Hause nahm. Damit seine Eltern nichts davon mitbekamen. Sonst hätte es wahrscheinlich ein ziemliches Donnerwetter gegeben, denn damals war er nicht älter als dreizehn. Dafür war Niva ihr mehr als dankbar gewesen und bis heute lässt er kein schlechtes Wort über sie kommen.

Tina war immer schon ein bisschen verrückter als all die anderen Mädchen. Ließ sich die Haare in knalligen Farben färben und sorgte damit in Krakeloh für Gesprächsstoff. Niva mochte es, mit ihr um die Häuser zu ziehen, weil sie sich von niemanden etwas gefallen ließ, Alkohol trank, Billard spielte und dabei ohne Rücksicht auf Verluste fluchte, wenn sie ein Spiel nicht gewann. Selten verlief ein Abend, ohne dass sie mit jemanden Streit anfing, und Niva gefiel sich in der Rolle, sie zu bewundern. Dass er anscheinend der einzige Freund war, den sie hatte, obwohl er fast noch ein Kind war, machte ihn stolz.

Dann war sie plötzlich für eine Weile verschwunden und niemand wusste, wo sie sie sich herumtrieb. Nicht einmal ihre Eltern, besser gesagt, ihre Mutter, denn Tinas Vater hat sich bald nach ihrer Geburt aus dem Staub gemacht. Als sie dann zurückkam, war sie irgendwie verändert. Keine bunten Haare mehr, sondern einen blond gefärbten Kurzhaarschnitt und jede Menge Tattoos am Körper, hauptsächlich Drachen oder Schwerter. Niva hätte sie fast nicht erkannt. Ihr Gesicht war blass und schmal, die Nase wirkte dadurch größer, als er sie in Erinnerung hatte. Trotzdem stellte sich gleich diese alte Vertrautheit zwischen ihnen ein, ganz so, als wäre sie nie weg gewesen. Kurz darauf eröffnete sie ein Tätowierstudio, und Niva hat sich dazu überreden lassen, sich ein Tattoo stechen zu lassen. Weil er sich für kein Motiv entscheiden konnte, hat Tina ihm das Logo ihres Studios eingeritzt: TOS.

»Was bedeutet das überhaupt?«, hat Niva sie gefragt.

»The Other Side?«

»Ja.«

»Das bedeutet, dass wir auf der anderen Seite stehen, dass wir anders sind als die meisten. Dass wir uns nichts gefallen lassen, verstehst du? Wir lassen uns nicht verarschen, von niemanden.«

Niva verstand, und die Idee, anders zu sein als die meisten, die gefiel ihm auch.

Niva hat Tina ein paar Mal zum Grillplatz am Stausee mitgenommen. Andre hat ihr den Spitznamen Tosi verpasst, aber sie nennen sie nur so, wenn sie unter sich sind.

Ausgerechnet Tina war es, die die Geschichte mit dem Hotel aufbrachte.

Sie saßen alle gerade rund um das Lagerfeuer herum, als Tina plötzlich aufstand, sich umsah und seufzte.

»Damit wird es bald vorbei sein«, sagte sie.

Vorbei sein? Mit was?

Die vier sahen sich an und wussten nicht, was Tina damit meinte.

»Habt ihr es nicht gehört? Das alte Hotel. Bald wird es dort von Kanaken wimmeln.«

Gar nichts hatten die vier gehört.

»Man will die zu Hunderten im Hotel unterbringen. Aus Syrien und Afghanistan und wer weiß von wo her noch. Dann ist es vorbei mit der Ruhe in Krakeloh.«

»Quatsch«, sagte Andre. »Davon habe ich noch nichts gehört.«

Tina drehte sich zu ihm um und sah ihn mit strengem Blick an.

»Kannst mir ruhig glauben!«, sagte sie. »Ich weiß es aus hundertprozentiger Quelle. Die kommen garantiert und dann übernehmen die hier das Kommando, könnt ihr mir glauben.«

»Quatsch«, wiederholte Andre, aber es klang nicht mehr so bestimmt wie zuvor.

Tina setzte sich wieder ans Feuer.

»Dann könnt ihr eure Lagerstätte hier vergessen«, sagte sie mit verschwörerischer Stimme. »Garantiert. Vor denen ist nichts sicher. Die arbeiten ja nichts, haben den ganzen lieben Tag nichts zu tun. Also machen sie nichts anderes, als herumzustreunen. Und zack, bevor ihr es überhaupt kapieren könnt, hocken die hier am Feuer und ihr seid draußen. So läuft es überall, wo die auftauchen. Sobald die da sind, haben sie alle Rechte und die eigenen Leute sind die Angeschissenen.«

»Ausgerechnet Krakeloh? Das glaube ich nicht. Warum sollte man die ausgerechnet hierher bringen, in dieses Kaff?«, fragte Klaus und Tina antwortete: »Wirst schon sehen.«

Ein paar Wochen später wurde es dann offiziell.

Krakeloh, der neue Asylantenhotspot!

Das alte Hotel sollte in den nächsten Monaten auf Vordermann gebracht werden. Wie viele dann kommen würden, darüber war man sich noch nicht einig. Von 200 bis 300 war die Rede. Als der Bürgermeister den Beschluss verkündete und für die nächsten Wochen genauere Information versprach, gingen die Wogen in Krakeloh ziemlich hoch. Eines stand fest: Man würde sich das nicht einfach so gefallen lassen.

Ein guter Grund also für Niva, Klaus, Andre und Franko, sich wieder an ihrem Lagerplatz zu treffen.

»Tosi hatte recht«, sagte Niva.

»Das gibt es doch nicht!«, rief Andre.

»Wenn es einer von denen wagt, auch nur einen Fuß hierher zu setzen, den ersäuf ich eigenhändig«, sagte Franko und ballte dabei seine Fäuste. »Das schwör ich euch, den ersäuf ich eigenhändig.«

»Ja! Ersäufen!«, schrie Klaus und warf wütend eine Flasche Bier zu Boden, dass sie in tausend Teile zerplatzte. Zum Schluss hatten sie sich alle an den Händen gefasst und ins Feuer geschrien:

»Kanaken raus, Kanaken raus.«

Klaus und Andre halten jetzt immer noch ihre T-Shirts in die Höhe. Tosi hat beiden, vom Nabel aus beginnend, einen sich hochringelnden Drachen tätowiert, in Schwarz-Rot, und aus seinem Maul züngelt eine lange goldene Flamme.

»Hat sie uns gratis gemacht, weil wir gegen die blöden Bullen gekämpft haben«, sagt Klaus.

»Sieht gut aus«, muss Niva zugeben, auch wenn es ihm nicht passt.

Auch er hätte einen Drachen von Tosi verdient. Aber während Klaus und Andre sich in den Vordergrund spielen, bleibt Nivas Einsatz unbelohnt. Einfach aus dem Grund, weil es keiner weiß. Außer seinem Vater, der es zwar auch nicht genau weiß, aber es immerhin aufgrund seiner Benzinschnüffelei vermutet. Niva sieht Franko an.

Jetzt wäre es an der Zeit, deinen Verdacht noch einmal zu erwähnen, denkt Niva.

– *alles klar, bist'n Held. Nicht nur für mich.*

Das wäre jetzt angebracht. So richtig!

Aber Franko, heute ganz der Waldkauz, ist viel zu sehr mit seinem angebrannten Würstchen beschäftigt und bemerkt nicht einmal, dass Niva ihn ansieht.

Klaus und Andre haben ihre T-Shirts wieder heruntergelassen und setzen sich hin.

»Was glaubt ihr, wer das Hotel abgefackelt hat?«, fragt Niva in die Runde.

»Von uns jedenfalls keiner«, sagt Klaus.

»Was meinst du mit ›von uns‹?«, fragt Niva.

»Na, von uns vier hier. Das hätte keiner von uns gebracht.«

»Ich jedenfalls nicht«, sagt Andre.

»Ich schon gar nicht«, sagt Franko.

»Sag ich doch«, entgegnet Klaus.

»Ja, genau«, Nivas Stimme klingt wieder gereizt. »Das kann ich mir vorstellen. Große Klappe, aber nichts dahinter.«

»Jetzt komm schön wieder runter. Immerhin hast du dich in deinem Zimmer verkrochen, während wir uns in die Schlacht geworfen haben.«

Niva steht auf, macht sich den Hosenschlitz auf und pisst ins Feuer.

»Hei!«, schreien die anderen. »Spinnst du?«

»Ihr könnt mich alle mal«, sagt Niva.

▲

»Wer das getan hat, ist kein Mensch, sondern ein Verbrecher. Widerlich und abstoßend ist das und wir werden den oder die Verantwortlichen zur Rechenschaft ziehen.«

An diese Worte des Polizeichefs von Krakeloh, kurz nach dem Brandanschlag auf das Hotel, muss Niva gerade denken, als er mit der Motorsäge einen verkohlten Dachbalken in Stücke schneidet und nach unten in das Innere des Hotelwracks wirft. Es macht ihm nichts aus, ungesichert und mit der Motorsäge in der Hand auf der Mauer zu balancieren. Die Zwischendecken des Hotels sind zwar eingebrochen, aber die Außenmauern stehen noch und halten das fragile und verkohlte Holzgerüst, das einmal das Ziegeldach getragen hat.

Ausgerechnet dem Chef seiner Firma ist es gelungen, einen Auftrag zum Abtragen der Hotelruine an Land zu ziehen.

Niva hat die Nachrichten in letzter Zeit ziemlich interessiert verfolgt, viel Neues wurde allerdings nicht berichtet. Die Brandermittler haben ihre Arbeit mittlerweile eingestellt und nur herausgefunden, was ohnehin jeder wusste:

Dass der Brand mit hundertprozentiger Sicherheit gelegt worden war.

Dass man Spuren von Brandbeschleuniger nachweisen konnte.

Dass es allerdings schwierig werden würde, die Täter dingfest zu machen.

Aus irgendeinem Grund glaubt man nicht daran, dass es die Tat eines Einzelnen war. Für Niva ein eindeutiger Beweis dafür, dass man null Ahnung hat und die Polizei nach wie vor im dunkelsten Dunkel tappt.

Keine Rede ist mehr von der großspurigen Ankündigung des Polizeichefs.

Jetzt kannst du dich selbst zur Rechenschaft ziehen, Großmaul, denkt Niva.

Die Pressefritzen ereiferten sich aber immer noch ungebremst:

Der schwarze Tag von Krakeloh oder

Rechtsruck einer kleinen Stadt oder

Nazihochburg Krakeloh.

Nichts anderes war zu erwarten gewesen. Immer wieder lungerten ein paar von diesen Typen vor der Hotelruine herum und versuchten, die Nachbarn zu einem Interview zu überreden. Meist erfolglos, die Krakeloher waren nach der miesen Berichterstattung über ihre Stadt in den vergangenen Wochen nicht gut auf die Presse zu sprechen.

Auch Nivas Eltern waren darüber mehr als empört gewesen. Kein Abendessen, bei dem dieses Thema nicht angesprochen wurde, und Niva fühlte sich dabei immer ziemlich unwohl. Weil sein Vater ihn immer wieder mit einem vorwurfsvollen Blick ansah, obwohl er Niva nicht mehr auf die Geschichte mit dem Benzingeruch angesprochen hat. Trotzdem empfand Niva manche der Bemerkungen seines Vaters direkt gegen ihn gerichtet, kleine Sticheleien, die Niva unangenehm waren.

»Da hat uns dieser Idiot was Schönes eingebrockt«, schimpfte sein Vater. »Jetzt stehen wir da, als wären wir die ärgsten Verbrecher.«

»Man traut sich ja kaum mehr, den Fernseher einzuschalten«, jammerte seine Mutter. »Dabei sind wir ja gar nicht so, wir sind nicht so, wie die uns jetzt darstellen.«

»Sobald man aus dem Haus geht, hat man schon ein Mikrophon unter der Nase. Ich frage mich, wie lange das noch so gehen soll.«

Zu allem Überfluss war auch noch ein Video aufgetaucht, das jetzt auf allen Sendern auf und nieder gespielt wurde. Jemand hatte Aufnahmen von der Hotelruine gemacht und den Brandanschlag als lobenswert gepriesen. Am Ende des Videos hieß es: *Gut gemacht, Heil Kameraden.*

Das hat Nivas Vater erst recht auf die Palme gebracht.

»Da hat man sein ganzes Leben nichts Unanständiges gemacht, immer gerackert, und dann ist man plötzlich auf der ganzen Welt als Nazi verschrien.«

»Hoffentlich erwischt man die, die das getan haben. Vielleicht ist dann wieder Ruhe. Wahrscheinlich war es nur ein Lausbubenstreich«, sagte seine Mutter.

»Wünsch dir das mal lieber nicht!«, entgegnete sein Vater und schaute dabei Niva an.

»Was?«

»Dass man die erwischt.«

»Was soll das wieder heißen?«

»Ah, nichts«, antwortete sein Vater.

Lausbubenstreich!

Niva wäre am liebsten aufgesprungen vor Wut. Kapierten seine Eltern denn gar nichts?

Schließlich haben auch sie lautstark darüber gemeckert, dass dieses Gesocks in der Nachbarschaft einziehen sollte, und jetzt taten sie so, als würde es ihnen leidtun, dass das nicht der Fall ist.

Und seine Mutter? Was war nun mit: *Anzünden sollte man das Hotel*?

Davon wollte plötzlich keiner der beiden etwas wissen. Saßen am Küchentisch und spielten die braven, rechtschaffenen Bürger. Das hätte er gerne miterlebt, wie seine Eltern reagiert hätten, wenn von einem Tag auf den anderen hunderte Kanaks vor ihrer Haustür herumgestreunt wären. Seine Mutter hätte sich bestimmt gar nicht mehr aus der Wohnung getraut.

Von wegen Lausbubenstreich!

Am liebsten wäre er hier am Tisch, augenblicklich, mit der Wahrheit herausgerückt. Vorbei mit dem verlogenen Gerede, vorbei mit all dieser Scheinheiligkeit.

»Ich wars! Und ich habe es auch für euch getan!«, hätte er gerne gesagt, hat es dann aus Rücksicht auf seine Mutter aber doch nicht getan.

Sie hätte bestimmt einen Herzinfarkt bekommen und das wollte Niva nun doch nicht. Er stellte sich vor, wie sie die Hände vor ihrem Gesicht zusammenschlagen und nach Luft ringen würde.

Mein Sohn, ein Brandstifter, ein Verbrecher. Was für eine Schande.

Und dann wäre sie vom Sessel gekippt, patsch, auf den Boden geknallt und hätte nach Luft gerungen. Wie lange würde er dieses Versteckspiel noch ertragen? Und wer war dieser Idiot gewesen, der das Video gedreht und ihn mit seinen Bemerkungen ins rechte Eck gerückt hat.

Heil Kameraden!

Was für ein Bockmist!

Auch wenn seine Eltern die Dinge plötzlich mit anderen Augen sahen und den Hotelbrand verurteilen, auf der Widerstandsseite gab es nach wie vor ungeteilte Zustimmung und das stärkte Niva den Rücken. Es war ein Beweis dafür, dass er das Richtige getan hat. Unbedingt.

Koro: *Was man liebt, will man erhalten, beschützen und verteidigen. Und jedes Volk hat das Recht, ja die Pflicht, dies zu tun*
endevil12: *Heute sind wir tolerant und morgen fremd im eigenen Land*
Cosei: *nur weil ihr pressefritzen Brandgeruch nicht mögt, muss das andere nicht verpflichten, ihn auch für gestank zu halten.*

Bex: *Die Guten, die sind immer der Anfang vom Ende. Hab ich schon immer gesagt*
Ente: *In diesen Heimen geschehen, nach allem was ich höre, Dinge, die sind gruselig: Mit Zwangsprostitution, mit Gewalt gegen Frauen in jedweder Form. Feuer reinigt in diesem Fall.*
Hacke: *Ich hoffe das dem Nächst mehr Aufwachen ansonsten werden wir alle tief fallen in ein beschissenen Gutmenschen Morast.*

▲

Andre und Klaus müssen in der Polizeistation von Krakeloh antanzen.

»Widerstand gegen Vollstreckungsbeamte im Zusammenhang mit dem Brand«, heißt es in der Vorladung. Ihnen droht deswegen eine Anklage.

»Nur, weil wir ein bisschen mit den Polizisten gerangelt haben. Das war doch nichts!«, ätzt Klaus.

Um für die Einvernahme gerüstet zu sein, haben sie sich gestern Abend getroffen und sich gemeinsame Strategien ausgedacht.

Erstens: Sich auf den Alkohol ausreden.

»Immerhin sind wir erst sechzehn und jeder weiß doch, wie fatal sich Alkohol auf die Gehirne junger Menschen auswirken kann.«

Klaus kicherte und Andre sagte:

»Ja, genau. Das weiß doch jeder! Da hat man manchmal schon solche Aussetzer.«

Diese Strategie würde bestimmt aufgehen, davon waren die beiden überzeugt.

Auf der Polizeistation bekommen sie dann doch ein mulmiges Gefühl. Bestimmt wird man sie getrennt voneinander einvernehmen, wie man das aus Filmen kennt. Eingesperrt in eine kleine, düstere Kammer mit einem Spiegel an der Wand, durch den man sie von der anderen Seite aus beobachten kann. Ein Tisch, angeschraubt und aus Metall, man sitzt davor wie ein armseliger Wicht, zwei Verhörprofis, die permanent im Zimmer auf und ab marschieren, ab und zu mit der Hand auf die Tischplatte schlagen – *Jetzt die Wahrheit, Bursche, sonst kracht's.* Einer spielt den guten, der andere den bösen Bullen, aber beide sind nur darauf aus, ein Geständnis aus einem herauszuquetschen, und dafür sind ihnen alle Mittel recht.

Ganz so schlimm kommt es dann aber doch nicht.

Sie werden weder getrennt einvernommen, noch gibt es einen kleinen, düsteren Raum mit Spiegel. Sie müssen sich an einen Schreibtisch setzen, hinter dem ein Polizist vor einem Laptop sitzt, der alles, was sie von sich geben, eintippt. Die beiden Freunde sind froh, dass sie gestern alles durchgespielt haben und legen richtig los.

– Wir waren einfach sturzbetrunken und haben gar nicht mitgekriegt, was die Polizei von uns will.

– Wir haben uns keinem Platzverweis widersetzt, was soll das? Wir wissen nichts von einem Platzverweis.

– Die Wahrheit ist, wir können uns an gar nichts mehr richtig erinnern. Nur, dass alles ziemlich chaotisch war und die Leute geschrien haben. Und dann das Feuer und die Blaulichter. Wie soll man sich da noch auskennen? Man hat ja kein Wort verstanden.

– Wir haben uns nicht widersetzt! Das ist ein Irrtum.

Und falls die Alkoholmasche allein nicht ausreicht, haben sie auch noch – zweitens – die Reuemasche-Strategie im Gepäck. Auch das wurde gestern Abend ausführlich besprochen, während sie Musik der Band *Frei.Wild* hörten. Besonders der Song »Verdammte Welt« hatte es Andre angetan, er spielte ihn immer und immer wieder und zwischendurch sprangen beide auf, wippten mit ihren Köpfen wild auf und ab und sangen lautstark den Refrain mit:

Verdammte Welt bleib wie du bist, Hey!
Ich umarme, ich küsse dich
Verdammte Welt alles ist gut so wie es is

Ein zweiter Polizist tritt jetzt an den Schreibtisch heran, beugt sich näher zum Laptop, liest, was der andere bisher eingetippt hat. Dann schaut er mit zusammengekniffenen Augen von Andre zu Klaus und wieder zurück.

»Alles ein Irrtum, also?«, sagt er. »Nur ein bisschen zu viel getrunken?«

»Genau«, antwortet Andre, nickt dabei mit dem Kopf.

Zeit für Klaus, die Reuemasche auszupacken.

»Falls wir uns danebenbenommen haben, tut uns das echt leid.«

»Ich trinke mein ganzes Leben lang keinen Alkohol mehr. Nie wieder«, stimmte Andre ein und bringt damit die beiden Polizisten zum Schmunzeln.

»Nie wieder?«, fragt der am Laptop und Andre sagt: »Nie wieder. Versprochen.«

Klaus setzt noch eins drauf: »Es tut uns wirklich leid. Das wird nicht mehr vorkommen.«

»Gut«, sagt der Stehende. »Das will ich hoffen.«

Es folgen noch ein paar Fragen zum Brand selbst. Ob sie etwas gesehen oder bemerkt hätten? Nichts Neues, alles haben sie schon am Morgen, nachdem man sie aus der Ausnüchterungszelle entlassen hat, beantwortet.

Nur diesmal klingt es für Andre und Klaus ein bisschen bedrohlicher.

»Das Ganze ist noch nicht zu Ende und wenn ihr da irgendwie mit drinsteckt, dann kriegen wir euch, versprochen. Und dann ist es vorbei mit lustig.«

Die beiden heben fast gleichzeitig ihre Hände in die Höhe, als wollten sie damit alle Verdächtigung abwehren.

»Damit haben wir nichts zu schaffen, gar nichts. Überhaupt nichts.«

Am Ende müssen beide noch ihre Reisepässe abgeben. Solange die Ermittlungen laufen, dürfen sie das Land nicht verlassen.

»Sonst wandert ihr gleich ins Gefängnis.«

»Ich will sowieso nicht weg. Andere Länder liegen mir nicht«, antwortet Andre.

Als sie die Polizeistation verlassen, fühlen sie sich einigermaßen erleichtert.

»Ist doch ganz gut gelaufen«, sagt Andre.

»Das Gefühl habe ich auch. Die haben wir ganz schön verarscht.«

»Es tut uns leid, es tut uns so unendlich leid«, äffen sie sich gegenseitig nach. »Nie wieder Alkohol, versprochen.«

Sie müssen aufpassen, dass sie vor der Polizeistation keinen Lachkrampf kriegen.

▲

Auch heute sind wieder unzählige Pressefritzen bei der Brandruine versammelt, haben Kameras auf Stativen positioniert und laufen aufgeregt hin und her. Nach und nach trudeln ein paar kleine Übertragungswagen verschiedener

Fernsehsender ein. Ab und zu ruft einer etwas zu Niva herauf, aber Niva ignoriert es.

Auch Andre und Klaus sind mit ihm auf der Baustelle zugange, um das Dachgerippe abzutragen. Den Rest würde dann eine andere Firma mit Raupen, Ladern und Baggern erledigen.

»Ihr müsst nicht allzu schnell arbeiten«, hat der Chef ihnen aufgetragen. »Lasst euch Zeit. So einen Auftrag bekommt man nicht alle Tage.«

Deshalb legen die drei auch öfter Zigarettenpausen ein, als sie es normalerweise tun. Alle drei sind vom Ruß der verkohlten Hölzer ganz schwarz, nicht nur ihre Arbeitskleidung, auch ihre Hände und Gesichter.

»Schaust aus wie ein Bimbo«, sagt Andre und grinst.

»Danke, ebenfalls«, entgegnet Klaus.

Von weitem hört man plötzlich Trillerpfeifen.

»Was ist denn hier los?«, fragt Klaus und Andre zuckt mit den Schultern.

»Keine Ahnung«, sagt er.

Typisch, denkt Niva. Die beiden haben nur die Arbeit und anschließende Trinkgelage im Kopf. Sonst bekommen sie nicht viel mit von dem, was sich tut. Nicht einmal in ihrer eigenen Stadt. Aber Niva hat den Aufruf mehrere Vereine zur Demonstration für ein »buntes Krakeloh« im Internet gelesen, und das ist auch ein Grund dafür, warum heute so viele Presseheinis hier sind. Niva hat das Ganze nur kurz überflogen: Man wolle ein Zeichen gegen Rechts setzen, die Stadt nicht den Nazis überlassen. Ein Zeichen für ein friedliches Miteinander solle es werden. Treffpunkt sei am Kornplatz, Teilnehmer sollen Transparente, Regenschirme und bunte Luftballons mitbringen.

»Krakeloh soll bunt bleiben. Das ist hier los«, sagt Niva.

»Bunt bleiben? Was soll denn der Scheiß heißen?«, fragt Andre.

Nivas Handy brummt. Es ist Franko.

»Schon gesehen?«, fragt er.

Auch das ist so eine Unart von Franko. Nie mit etwas sofort herauszurücken. Als wäre er irgendwie süchtig auf die Neugierde anderer.

Schön gehört? (Was?)

Oder

Hast du das gewusst? (Was?)

Das geht Niva mittlerweile an die Nerven.

Schon gesehen?

Ja, ich hab heute schon einiges gesehen. Zum Beispiel meine Mutter, die »oben ohne« aus dem Badezimmer gekommen ist und ich das bestimmt nicht sehen wollte, denkt Niva. Und wenn man schon bei Unarten von Menschen ist, dann ist diese Unart seiner Mutter für ihn das Schlimmste. Immer muss man befürchten, dass sie spärlich oder gar nicht bekleidet durch die Wohnung läuft. Nicht tagsüber natürlich. Aber am Morgen oder nachts, weil ihre schwache Blase sie öfter aufs Klo treibt (auch das etwas, was er nicht unbedingt wissen wollte, als sie es ihm erzählte).

»Vielleicht wird deine Mutter bald inkontinent«, sagte sie und lachte dabei, während Niva nicht wusste, was daran so unbedingt lustig sein sollte und warum sie ihm all diesen Scheiß eigentlich erzählte. Aber egal. Normalerweise ist er daher am Morgen besonders vorsichtig, bevor er die Tür seines Zimmers öffnet, zuerst nur einen Spaltbreit, um zu lauschen, dann ein Räuspern und danach wieder lauschen. Erst wenn er sich ziemlich sicher ist, dass niemand da draußen herumschwirrt, wagt er sich auf den Gang hinaus. Aber heute hat sie ihn eiskalt erwischt. Gerade als er sich leise ins Bad schlich, um keinen zu wecken.

»Mein Gott, stell dich nicht so an«, sagte sie, als sich Niva angewidert die Hände vors Gesicht hielt. »Immerhin haben dich die einmal ernährt.«

Schon gesehen?

Ja, ich habe heute schon einiges gesehen, was ich nicht sehen wollte.

»Was?«, raunzt Niva deshalb einigermaßen gereizt ins Handy.

»Die haben unsere Widerstandsseite gesperrt«, sagt Franko.

Gesperrt?

Niva versteht nicht gleich, was Franko meint.

»Ich habe gerade reingeschaut, aber nichts, da ist Tilt, vollkommen.«

Mittlerweile sind auch ein paar Polizeibusse vor dem Hotel eingetroffen, jede Menge Polizisten steigen aus, ausgerüstet mit Schutzhelmen und schwarzen, dicken Westen. Sie beginnen, sich auf dem Platz vor der Ruine zu verteilen und zu positionieren. Ein bisschen unheimlich wirkt es, wie in einem Actionfilm.

»Hei, da geht ja richtig die Post ab«, sagt Andre.

Niva drückt Franko am Handy weg, ruft die Widerstandsseite auf, weil er es nicht glauben kann. Aber Franko hat recht.

Ein Fehler ist aufgetreten. Diese Seite ist vorübergehend nicht erreichbar – das ist alles, was zu sehen ist, und: *Versuchen Sie es in einiger Zeit noch einmal.*

Diese Schweine, denkt Niva. So läuft das also mittlerweile.

Normalerweise loggt er sich jeden Morgen, bevor er zur Arbeit geht, noch schnell auf der Seite ein, um zu sehen, was es Neues gibt. Zudem sorgen die Kommentare für gute Laune, was die Arbeit um einiges erträglicher macht. Am meisten freut er sich über Tosis Beiträge, die sich fast immer die Sorte »Gutfrauen« vorknöpft und kein gutes Haar an ihnen lässt.

Ihr gestriger Eintrag

Tos: *Die Schlampen sollte man in eine Grube mit all den Vergewaltigern werfen, oder besser nicht, das würde denen auch noch gefallen*

hat ihn wirklich amüsiert und er hat den ganzen lieben Tag wie ein Schwachsinniger vor sich hin gegrinst. Aber ausgerechnet heute ist er spät dran gewesen und dann kam noch die Sache mit seiner Mutter dazwischen.

Bloß nicht daran denken.

»Die haben unsere Seite gesperrt«, sagt er zu Andre und Klaus.

»Was?«

Auch die beiden können es zuerst gar nicht glauben. Niva hält ihnen das Display hin.

»Das gibt es doch nicht!«, sagt Andre. »Ein Fehler ist aufgetreten? Das ist doch ein Witz.«

In einiger Entfernung kann man jetzt eine lange Menschenschlange sehen, die sich langsam auf das Hotel zubewegt. Die meisten halten bunte Regenschirme oder Luftballons in den Händen.

»Keinen Fußbreit den Faschisten«, schreit jemand in ein Megaphon. Und dann: »Bunt statt Braun«.

Es sind bestimmt Hunderte, die sich da am Marsch beteiligen. Vor dem Hotel soll es dann eine große Kundgebung geben, hat Niva gelesen.

»Ich weiß, was der Fehler ist«, sagt Niva und deutet mit dem Kopf hinunter auf die Demonstranten. »Die sind der Fehler.«

»Worauf du deinen Arsch verwetten kannst«, antwortet Klaus.

Der Demonstrationszug ist mittlerweile so nahe, dass man die Sprüche auf den Transparenten erkennen kann. *Schöner leben ohne Nazis* steht da und *Nazis missbrauchen das Recht auf Meinungsfreiheit*.

»Man sollte denen ein paar Steine an den Kopf werfen«, sagt Klaus und Andre hält tatsächlich schon einen in der Hand.

»Lass das lieber. Zu viele Bullen«, sagt Niva.

Andre lässt den Stein wieder fallen.

»Hast recht. Das würde nicht so gut kommen.«

Die Trillerpfeifen und Sprechchöre werden immer lauter, einige der Polizisten setzen sich jetzt ebenfalls in Bewegung, gehen dem Demonstrationszug entgegen.

Niva kann das alles nicht verstehen. Haben diese Leute denn überhaupt nichts kapiert? Gehen für die Kanaks auf die Straße, die dann ihre Kinder vergewaltigen. Das muss man sich einmal vorstellen. Und von wegen Meinungsfreiheit. Seine Seite haben sie gesperrt, so läuft das doch in Wahrheit mit der Meinungsfreiheit. Wer etwas sagt, was denen nicht passt, der ist draußen und wird einfach als Nazi beschimpft. Das machen die doch immer, die ewige Nazikeule schwingen. Mehr fällt denen nicht ein.

»Irgendetwas müssen wir doch unternehmen«, sagt Andre. »Fehlerbekämpfung wäre angesagt.«

»Gestörte unter sich«, ergänzt Klaus und spuckt kräftig aus.

Wieder brummt Nivas Handy, wieder ist es Franko.

»Jetzt geht es denen an den Kragen«, schreit Franko ins Telefon. »Die Waldgänger sind bereit. Wer Krieg haben will, der kann ihn haben.«

Noch bevor Niva etwas erwidern kann, hat Franko schon aufgelegt.

»Idiot«, sagt Niva.

»Was ist?«, fragt Klaus.

Niva zuckt mit den Achseln.

»Franko und seine Waldgänger haben was vor«, sagt er.

Ein Teil der Demonstranten hat jetzt den Platz vor dem Hotel erreicht.

»Nazis raus, Nazis raus«, skandieren sie.

Klaus und Andre strecken ihre Mittelfinger in die Höhe.

»Fickt euch«, rufen sie.

Plötzlich ertönt lautes Geschrei. Am hinteren Ende des Demonstrationszuges steigt Rauch auf. Eine Gruppe von Menschen läuft in Panik auseinander. Dann wieder Rauch, diesmal an einer anderen Stelle, das Geschrei und Gekreische wird immer lauter, die Polizisten haben ihre stoische Ruhe abgelegt, laufen wie aufgeschreckt hin und her, brüllen wie verrückt und halten ihre Gummiknüppel in die Höhe. Von Ferne hört man die Sirene eines Rettungswagens. Eine Unmenge an Luftballons steigt jetzt auf, rote, blaue, gelbe, es sieht fast aus wie bei einer Kinderparty. Statt eines Spruches schreit der Typ mit dem Megaphon jetzt »Keine Panik, keine Panik«, aber dafür scheint es zu spät. Flaschen und Farbbeutel werden aus Seitengassen gegen die Demonstranten geworfen, worauf die wie eine aufgeregte Schafherde in alle Richtungen auseinanderlaufen, sich dabei auch gegenseitig umrennen. Man hört Hilfeschreie, jemand kreischt »Einen Arzt, einen Arzt«, Glas klirrt, dann wieder ein ohrenbetäubender Knall, ein geparktes Auto am Straßenrand geht in Flammen auf.

Ein Zeichen für ein friedliches Miteinander setzen.

Das scheint sich gerade in Luft aufzulösen, denkt Niva. Irgendetwas läuft da unten gewaltig aus dem Ruder und er weiß noch nicht, ob er das gut finden soll oder nicht. Niva sieht wieder ein paar Farbbeutel und Flaschen in die Menschenmenge fliegen. Von hier oben hat er einen guten Überblick, erkennt ein paar vermummte Typen, die durch die Seitengassen auf den Demonstrationszug zurennen, kurz davor stehen bleiben, Flaschen in die Menge werfen und sich dann sofort wieder aus dem Staub machen.

Das sind bestimmt die verrückten Waldgänger, denkt Niva.

Wer Krieg haben will, der kann ihn haben.

Das haben die also in ihren Wäldern gemacht, sich für den Krieg gerüstet.

Niva hat Frankos Gerede, wenn er was von Guerillataktik, Freiheitskampf und Widerstand gefaselt hat, immer nur für Spinnerei gehalten. Da hat er die anscheinend gewaltig unterschätzt und Franko auch.

Fast sieht es jetzt so aus, als würde da unten jeder gegen jeden kämpfen. Wie in einer Arena mit Gladiatoren geht es zu, die Polizisten sind heillos überfordert, schlagen wild um sich, als könnten sie damit die Situation beruhigen, was ihnen aber nicht gelingt, im Gegenteil. Als ein zweites Auto in Flammen aufgeht, gibt es für die Menschen keinen Halt mehr. Sie bewaffnen sich jetzt mit allem, was sie in die Finger bekommen können, Lattenzäune werden niedergerissen, Mülleimer als Wurfgeschosse verwendet, aus angrenzenden Cafés werden Stühle am Boden zertrümmert und die gebrochenen Sessellehnen und Stuhlbeine als Schlagwaffen benützt. Eine dichte Rauchwolke hat sich mittlerweile über die Menschenmenge gelegt, aber bevor Niva trotz seiner erhöhten Position fast nichts mehr erkennen kann, sieht er ein paar Typen, die vor Tosis Studio stehen.

Andre und Klaus haben es sich zwischenzeitlich auf der Mauer gemütlich gemacht, lassen ihre Beine baumeln und genießen das Chaos, das sich vor ihren Augen abspielt.

»Geschieht denen recht«, sagt Andre ruhig und zündet sich eine Zigarette an.

»Besser als Kino«, meint Klaus. »Vielleicht sollten wir auch da runter?«

»Keine Lust«, antwortet Andre. »Ehrlich gesagt, eine Nacht in der Zelle hat mir gereicht.«

Niva sieht, wie einer der Typen mit einer Stange auf Tosis Auslage einschlägt.

»Das gibt's doch nicht«, schreit er »Diese Arschlöcher!«

Mit einem Satz springt Niva von der Mauer auf die halbverkohlte Treppe hinunter. Dass seine Freunde ihm »Was ist denn los?« hinterherschreien, hört er gar nicht mehr. In seinem Kopf plant er in Sekundenschnelle den kürzesten Weg zu Tosis Tattoostudio. Er will nicht in die Demonstration geraten, das könnte ihn aufhalten, auch an den Reihen der Polizisten muss er vorbei, wenn er nicht die Bekanntschaft mit diversen Schlagstöcken machen will. Neben ihm geht ein Schaufenster durch einen Stein zu Bruch, der ihn nur knapp verfehlt hat. Niva versucht erst gar nicht, herauszufinden, von wo der Stein gekommen ist, er rennt einfach mit gebückter Haltung weiter, ohne nach links oder rechts zu blicken. Dann steht er endlich vor Tosis Studio. Hier geraten die Dinge für ihn vollends außer Kontrolle.

Δ

Niva scrollt durch die Meldungen und Schlagzeilen. Die Presse ist regelrecht in Aufruhr nach den Krawallen in Krakeloh. Von unzähligen Verletzten ist die Rede, von den eingeschlagenen Auslagen, den demolierten Autos.

– Es wurden offenbar Rauchbomben geworfen und Mülltonnen in Brand gesteckt. An zahlreichen Kaufhäusern und in einer Sparkasse gingen Schaufensterscheiben zu Bruch. Die Polizei setzte Wasserwerfer und Pfefferspray ein.

– In den Seitenstraßen wurden Gegenstände gesammelt, die sich als »Wurfmaterial« eignen

– Demo eskaliert: Polizei setzt Tränengas ein.

– Der Einsatzleiter der Polizei sagt, man habe nicht mit dieser Gewalt gerechnet. Polizisten wurden mit Steinen beworfen, mehrere Beamte durch Tritte verletzt. Die Beamten setzten Schlagstöcke und Pfefferspray ein, schafften es aber zunächst nicht, die Masse unter Kontrolle zu bringen.

– Drei Autos wurden bei Tumulten in Brand gesteckt. Es flogen Flaschen, Farbbeutel und Steine, auch Steinschleudern wurden verwendet. Mehrere Polizeiautos wurden hierbei beschädigt, auch Auslagenscheiben gingen zu Bruch.

– Rechte sprengen friedliche Demonstration …

Er selbst kann sich jetzt gar nicht mehr so richtig an die Ereignisse vor Tosis Studio erinnern, es ging alles so schnell. Wie er durch die Straßen gelaufen ist, alles erscheint ihm jetzt wie in einem Film, nicht wirklich real. Der Rauch, das Geschrei, er selbst war auch wie in einem rauschhaften Zustand. Als er da plötzlich vor Tosis Geschäft gestanden war, irgendwie gar nicht mehr er selbst. Und dann hat er einfach zugeschlagen, er weiß gar nicht mehr wie oft, der Typ ist jedenfalls zu Boden gegangen, er hat gar nicht richtig hingesehen, hat nur seine Fäuste wahrgenommen, wie sie durch die Luft wirbelten und dann hat Tosi wie verrückt geschrien: »Hör auf, hör jetzt sofort auf!« Das hat ihn zur Besinnung gebracht, der Typ lag da am Boden, hat geröchelt, das ganze Gesicht blutverschmiert.

»Du musst sofort verschwinden«, hat Tosi ihn angeschrien, da waren noch andere Leute, er ist sich ziemlich sicher, sie hielten Handys in den Händen, haben ihn gefilmt, wie er den Typ niedergestreckt hat. Diesmal wird er nicht davonkommen, da ist sich Niva sicher. Sobald die Polizei eines der Videos zugespielt bekommt, ist Ende. So viel ist klar, da braucht er sich nichts vormachen. Er stellt sich jetzt schon die Gesichter seiner Eltern vor. Blass vor Entsetzen, ihr Junge, ein Totschläger. Aber von Toten ist bis jetzt nichts zu lesen gewesen, auch wenn der Typ am Boden nicht gut ausgesehen hat. Vielleicht wäre es sogar besser, er würde gleich zur Polizei gehen, sich selbst stellen. Was soll er sagen? Es tut mir leid? Dabei weiß er noch nicht einmal, ob es ihm überhaupt leidtut. Was hatte der Typ auch vor Tosis Studio zu suchen, was hatten die ganzen Scheißleute überhaupt auf der Straße zu suchen?

Für ein buntes Krakeloh.

Die tragen doch an allem Schuld. Die sind doch die Verräter. Halten diesen verdammten Kanaks die Händchen und wollen dafür auch noch Applaus. Während neben ihnen alles den Bach hinuntergeht. *Luftballons und Regenschirme.* Wie verblödet kann man eigentlich sein, denkt Niva. Und sich dann groß wundern, wenn sich andere das nicht gefallen lassen. Niva klappt wütend den Laptop zu. Am Ende trifft es dann immer die Falschen, diesmal würde es eben er sein. Als er davonrannte, war da auch noch dieses Auto. Stand einfach da, völlig sinnlos … aber daran will er jetzt gar nicht denken. Er lehnt sich zurück und starrt an die Zimmerdecke. Draußen wird es langsam dunkel.

Er könnte sich noch kurz mit Andre und Klaus treffen, denkt er. Auf ein Bier vielleicht. Bestimmt würde Franko und ein paar seiner Kumpels auch wieder da sein und ihren Sieg über die Gutfuckers ordentlich begießen. Die Schlagzeile *Rechte sprengen friedliche Demonstration* gefällt Franko besonders. Auch wenn es jetzt schon eine Woche her war, kann er es nicht oft genug wiederholen.

»Hei, wir haben sie gesprengt, GESPRENGT!«

Eines muss Niva zugeben. Die Waldgänger waren wenigstens klug genug gewesen, sich zu vermummen. Von ihnen gibt es kein Video, zumindest keines, in dem sie mit ihrem Gesicht blöd in irgendwelche Handycams grinsen. Blöd, richtig blöd. Das war er auch, was Tosi und ihr Geschäft anbelangt. Verdammt, aber wie hätte er das wissen können? Der vermummte Typ, der sich an ihrer Auslage zu schaffen machte, war gar kein Demonstrant, sondern einer der Waldgänger.

»Eine Versicherungssache«, erklärte Franko. »Tosi brauchte da ein bisschen Unterstützung, um sich neu einzurichten. Konnten wir schwer Nein sagen, oder?«

Nivas Wut und seine Sorge um Tosi waren also umsonst gewesen.

»Blöd gelaufen irgendwie«, sagte Franko.

Blöd gelaufen. Ja genau. Und der Typ, den Niva statt des Vermummten erwischt hat, der war eben nur zur falschen Zeit am falschen Ort.

»Zum Glück«, sagte Franko. »Sonst hättest du noch einen von uns in Grund und Boden gedroschen.«

Gerade als Niva aufsteht, sich die Jacke anzieht, er will sich doch noch mit seinen Freunden treffen, läutet es an der Tür. Niva weiß sofort, dass es mit dem Bier heute nichts mehr werden wird.

▲

Julianne Maron und Hans Peters sitzen in einem Café. Die beiden kennen sich schon lange, Julianne ist mittlerweile Jugendrichterin, Hans ein erfolgreicher Anwalt.

»Ich habe gehört, du verhandelst den Fall von Niva Salmon?«, fragt Hans.

»Und wenn es so wäre?«

»Der Junge ist nicht schlecht, er ist nur etwas vom Weg abgekommen. Eine Gefängnisstrafe würde alles nur noch schlimmer machen und nicht gerade hilfreich sein. Aus dem Gefängnis ist noch kein Jugendlicher als besserer Mensch herausmarschiert.«

»Schwere Körperverletzung. Vorsätzlich, um das nicht zu vergessen.«

Julianne schaut Hans mit einem Blick an, der sagt: Vergiss es, die Sache ist gelaufen. Sie rührt mit einem Löffel in ihrem Kaffee herum, obwohl sie weder Zucker noch Milch verwendet. Ein Zeichen für Hans, dass die Sache noch ganz und gar nicht gelaufen ist.

»Eine gebrochene Nase, ein blaues Auge …«

»Das Auto?«

»… ein bisschen verbeultes Blech. So schlimm ist das nun auch wieder nicht.«

»Schlimm genug, finde ich.«

»Er ist erst sechzehn.«

»Was soll das heißen? Dass man mit sechzehn keine Kontrolle über sich hat? Dass man nicht verantwortlich ist dafür, was man tut? Willst du mir das damit sagen?«

Hans ist der gereizte Ton in ihrer Stimme nicht entgangen. Er muss vorsichtig sein, nur nicht mit der Tür ins Haus fallen, nur nicht den Anschein erwecken, er würde ihr bei einer Entscheidung hineinreden wollen. Nur ein Gespräch, nichts weiter. Ein Gespräch unter Freunden. Natürlich läuft es nicht darauf hinaus, die Verantwortlichkeit in Abrede zu stellen. Aber doch, und das weiß Hans aus eigener Erfahrung nur zu gut, neigt man in diesem Alter verstärkt zu Ungestüm, denkt tatsächlich nicht über Konsequenzen nach, die eine Handlung nach sich ziehen könnte. Wenn man gereizt wird, schlägt man erst einmal zu und denkt erst später darüber nach. Wenn überhaupt. Kein Junge hat sich in diesem Alter wirklich völlig unter Kontrolle, jeder schießt manchmal etwas über das Ziel hinaus. Darin liegt aber auch das Geheimnis der Jugend. Würde man immer erst alles überdenken, dann bliebe am Ende vielleicht gar nichts mehr übrig. Keine Spontanität, kein Übermut, und Rebellion schon gar nicht. Aber hätte nie jemand die engen Grenzen des Erlaubten überschritten, würden wir vielleicht heute noch auf den Bäumen hocken, denkt Hans, und dieser Gedanke gefällt ihm. Die Vorstellung, wie die gesamte Menschheit auf Bäumen herumhüpft und an irgendwelchen Früchten mampft.

Nicht wenige aus Hans' Bekanntenkreis und auch er selbst können auf eine Reihe von Jugendsünden zurückblicken, die ziemlich oft an der Grenze zum Illegalen angesiedelt waren. Kleine Schlägereien, hin und wieder ein Ladendiebstahl, die eine oder andere Alkohol- und Drogenparty. Nicht zu wild, kein harter Stoff, aber immerhin nicht gerade dazu angetan, sich als großes, leuchtendes Beispiel ins Rampenlicht zu stellen. Dennoch: Für ihn sind jene, bei denen immer alles perfekt abläuft, die nirgendwo anecken, weitaus suspekter. Aber davon muss er Julianne erst einmal überzeugen.

Und die Chancen dafür stehen gar nicht so schlecht, wie es vielleicht den Anschein haben mag, denkt Hans.

Er kennt Julianne noch aus der Schulzeit und die eine oder andere Geschichte haben sie damals gemeinsam durchgezogen, wobei Schulschwänzen oder Rauchen am Klo die vergleichsweise harmloseren Dinge waren. Julianne ist also nicht dieser tausendprozentige Strebertyp, keine, die für Verfehlungen null Verständnis aufbringt, auch wenn sie das natürlich ihm gegenüber nicht so offen zugeben würde. Nein. Sie ist keine, die Jugendliche unter eine Glasglocke stellen würde, nur damit ja nichts schiefgeht. Und darin sieht Hans seine große Chance.

»Du weißt, wie sehr ich dich als Jugendrichterin schätze«, sagt er, und das ist mit Sicherheit nicht gelogen. Auch wenn sie nach außen oft die Unbarmherzige und Unnahbare spielt. Aber ihm braucht sie nichts vorzumachen. Er weiß, dass sie nicht so verbohrt und verbürokratet ist und als Jugendrichterin tatsächlich aufseiten der Jugendlichen steht und das Ganze nicht einfach als eine lästige Pflichtübung sieht. Und er weiß, dass Julianne auch ihn und seine Arbeit als Strafverteidiger schätzt, weil er sich mitunter auch für diejenigen einsetzt, mit denen es das Leben nicht immer so gut meint, und die niemanden hinter sich stehen haben.

Dass vor dem Gesetz alle gleich sind, ist nur ein dummer Spruch – da kann man ihm nichts vormachen – und auch nicht der Frau, die ihm gerade gegenübersitzt.

»Und die Facebook-Seite? Auch nicht gerade zimperlich, würde ich sagen.«

»Man darf das nicht zu eng sehen«, entgegnet Hans. »Irgendwo müssen die Leute ihren Frust loswerden. Besser im Netz, als auf der Straße.«

»Ist das so?«, fragt Julianne und nippt an ihrem Kaffee. »Oder fördert das eine nicht das andere? Zuerst wird mit Worten und anonym gehetzt, und dann geht es auf die Straße, um dort ordentlich zur Sache zu kommen.«

»Der Junge hat die Seite nur angelegt, kaum einmal selbst etwas gepostet. Da ist noch nicht alles verloren.«

»Da wäre ich mir nicht so sicher. Und der Hotelbrand? Es gab ein bisschen zu viel Lob für den Brandstifter auf dieser Seite. Für meinen Geschmack jedenfalls.«

»Mit dem Brand hat der Junge garantiert nichts zu tun«, sagt Hans.

»Dafür legst du deine Hand ins Feuer?«

»Das war aufgelegt«, antwortet Hans. »Aber ja. Dafür lege ich meine Hand ins Feuer und die Internetseite wurde mittlerweile auch gesperrt.«

»Was einiges darüber aussagt, nicht wahr?«

»Natürlich, da hast du recht und ich will das auf keinen Fall gutheißen. Ich will nur, dass der Junge eine Chance bekommt. Wenn er erst einmal hinter Gitter sitzt, ist der Zug abgefahren. Garantiert.«

»Ich wusste gar nicht, dass du so viel Vertrauen in unsere Justiz hast«, entgegnete Julianne mit süffisanter Stimme, die ihm klarmacht, dass sie es ihm nicht so leicht machen würde, wie er es sich vielleicht vorgestellt hat.

»Woher kommt überhaupt dein Interesse an dem Burschen?«, fragte sie.

Es war sein Vater, der ihn diesbezüglich ins Gebet genommen hat. Weil Niva bei ihm Lehrling ist und sich bereits im zweiten Lehrjahr zu einer fast unverzichtbaren Kraft entwickelt hat. Sein Vater ist einer derjenigen, die Handarbeit mehr schätzen als die Arbeit mit dem Kopf. Insofern hätte er es auch lieber gesehen, wenn sein Sohn in die Dachdeckerfirma eingestiegen wäre, statt Jus zu studieren.

»Er arbeitet bei meinem Vater im Betrieb«, sagt Hans. »Ich glaube fast, er hat mir mittlerweile schon den Rang des Sohnes abgelaufen. Was die Beliebtheit betrifft, meine ich.«

»So schlimm? Und jetzt willst du dir deinen Platz wieder zurückerobern?«, fragt sie.

Auch wenn Julianne das ziemlich überspitzt formulierte, ein kleines Körnchen Wahrheit liegt darin verborgen, denn gegen ein wenig mehr väterliche Zuneigung hätte Hans tatsächlich nichts einzuwenden.

»Er meinte, ich könne mich jetzt endlich einmal für etwas Vernünftiges einsetzen. Und dass der Junge es nicht verdient hätte, im Gefängnis zu sitzen. Nicht für so etwas.«

»Wie gesagt. Schwere Körperverletzung. Vorsätzlich.«

Hans seufzt, um zu Julianne zu signalisieren, dass er ihr Argument sehr gut verstanden hat. Das stimmt sie etwas milder. Sie mag seine Art, für eigene Überzeugung einzustehen, ohne sie zu bedrängen, ohne zu versuchen, sie irgendwie in die Enge zu treiben. Das lässt ihr mehr Spielraum, sich ganz auf die Sache zu konzentrieren und nicht das Gefühl zu haben, sie müsse sich irgendwie verteidigen oder ihre Sichtweise rechtfertigen.

»Und was schlägst du vor? Welche Alternative würde es geben?«, fragt sie.

Ihre Stimme hat nun einen etwas sanfteren Tonfall und Hans spürt ein leichtes Gefühl der Erleichterung. Julianne ist ihm einen Schritt entgegengekommen. Er hat sie also nicht verschreckt, im Gegenteil. Hans beglückwünschte sich innerlich zu seiner Taktik, die ihn seinem Ziel nun einen Schritt näher gebracht hat.

»Ich habe vor einem Jahr so etwas wie eine Patenschaft für ein Flüchtlingscamp auf Lesvos übernommen. Helfe ihnen dabei, Gelder aufzutreiben, Sponsoren zu finden. Und gerade jetzt haben wir einen dicken Fisch an der Angel. Jemand, der nicht genannt werden will, der aber bereit ist, das Geld für den Bau von dreißig Blockhütten bereitzustellen. Das heißt, die armen Leute könnten endlich raus aus den Zelten und dem Dreck und in richtigen Häusern leben. Aber es gibt zu wenige Helfer, die etwas davon verstehen. Bis die Hütten fertig wären, würden noch zwei Winter vergehen. Das kann man niemanden zumuten.«

»Und du meinst, der Junge würde hier Wunder bewirken?«

»Keine Wunder, aber nachdem, was mir mein Vater erzählt hat, ist er jemand, der richtig zupacken kann. Und er ist vom Fach. Genau das brauchen die dort.«

Die Jugendrichterin verzieht ihre Mundwinkel und seufzt.

»Ich weiß nicht«, sagt sie. »Ich weiß es wirklich nicht.«

»Wäre es besser, wenn er seine Zeit – wie viel würde er dafür bekommen? Ein halbes Jahr, ein Jahr? – hinter Gitter versitzt? Eingesperrt, untätig? Das ist doch das Schlimmste für einen Jungen in seinem Alter.«

»Wie gesagt. Ich weiß es nicht«, sagt Julianne und steht auf. »Ich muss zurück zur Arbeit. Danke für den Kaffee.«

»Wie immer ein Vergnügen«, erwidert Hans.

Er bestellt sich noch einen Kaffee. Julianne ist zwar schwer zu durchschauen, aber dennoch macht sich ein angenehm zufriedenes Gefühl in ihm breit.

II

Freiwillig steht Niva nicht hier am Terminal. Ganz und gar nicht, und das hat er die letzten Tage auch immer wieder betont.

»Ich mache das nur, weil man mich dazu zwingt, weil *ihr* mich dazu zwingt.«

Das war an seine Eltern gerichtet. Sie waren die Hauptschuldigen. Haben sich von der Richterin einkochen lassen und vom Sohn seines Chefs, der sein Strafverteidiger war. Ausgerechnet der, der hinter ihm hätte stehen sollen, war ihm so völlig ungeniert in den Rücken gefallen. Als würde er gar nicht existieren, als wäre er ein Kleinkind oder überhaupt nur Luft. Die Jugendrichterin saß hinter ihrem protzigen Schreibtisch, Niva und seine Eltern davor. Nivas Anwalt brachte sich neben dem Schreibtisch in Position.

»Ihr Sohn könnte damit einer Vorstrafe entgehen«, sagte dieser Peters, ohne ihn dabei auch nur anzusehen.

Was ich denke, spielt hier wohl keine Rolle, dachte Niva wütend.

Alles wurde über seinen Kopf hinweg geregelt und entschieden. Auch die Richterin sah nur seine Eltern an, als sie sagte, es sei eine einmalige Chance für ihn. Klar, dass seine Eltern diese »Chance« nutzen wollten. Ob auch er dieser Meinung war, interessierte keinen.

Natürlich, in Nivas Familie lief in letzter Zeit wieder alles einigermaßen. Sein Vater hatte es tatsächlich geschafft, einen Job als Nachtwächter im Krakeloher Touristenknast an Land zu ziehen. Darauf war er auch mächtig stolz. Aber Nivas Meinung nach brauchte er sich darauf nichts einzubilden. Arbeit von sieben am Abend bis drei Uhr früh. Wahrscheinlich hatte er den Job nur deshalb bekommen, weil er als

Einziger bereit war, diese Schicht zu übernehmen. Das sah seinem Vater ähnlich. Man warf ihm einen Knochen hin und er folgte brav wie ein Hündchen. Null Rückgrat. Der zweite Grund, der Niva noch einfiel, war der, dass sein Vater es zu Hause nicht mehr aushielt. Tag und Nacht mit seiner Frau in der Wohnung herumzuhängen, das ging an die Substanz. Aber dann sollte er wenigstens den Mumm haben, das auch zu sagen, und nicht so zu tun, als wäre Arbeit an sich das Wichtigste für ihn.

Und vor der Frau Richterin, da ließ er natürlich diesen rechtschaffenen Bürger heraushängen. Ein ehrenwertes Mitglied der Gesellschaft, der sich für seinen Sohn in Grund und Boden schämte, weil er – ja, weil er was? Weil er die Freiheit und die Grundwerte der eigenen Leute verteidigte? Denn unschuldig war der Typ, den er zu Boden geschlagen hat, in Nivas Augen ganz und gar nicht. Wer sich in eine Reihe mit jenen stellt, die das Land widerstandslos der Kanakenflut, die ununterbrochen hereinströmte, überlässt, der ist nicht unschuldig, im Gegenteil.

Da hatte Franko doch recht, wenn er sagte, man müsse immer und überall zum Kampf bereit sein. Und nicht immer nur im Arsch der Mächtigen herumkriechen, wie es sein Vater und auch seine Mutter taten. Im Grunde, dachte Niva, war er es, der allen Grund hat, sich zu schämen.

»Das mache ich nicht! Lieber gehe ich in den Knast«, sagte Niva zur Jugendrichterin, aber hören wollte es keiner.

»Wenn das so ist«, schrie sein Vater, »dann brauchst du gar nicht mehr nach Hause zu kommen.« Nivas Mutter blieb zwar ruhig, begann aber lautstark zu seufzen, und Niva befürchtete, sie würde jeden Moment in Tränen ausbrechen.

Niva fühlte sich von allen verraten, vor allem von seinem Strafverteidiger.

»Ich glaube nicht, dass mein Vater bereit ist, einen verurteilten Straftäter weiter bei sich in der Firma arbeiten zu lassen«, behauptete dieser, und auch wenn Niva ihm nicht glaubte, war es doch eine Drohung, die Spuren hinterließ, denn Niva liebte seinen Job. Beides – Wohnung und Arbeit – auf einen Schlag zu verlieren, dämpfte seine Entschlossenheit, lieber ins Gefängnis zu gehen, erheblich.

»Auch du solltest es als Chance sehen«, sagte die Richterin jetzt doch in seine Richtung, schaute ihn dabei mit einem mitleidigen Dackelblick an, der Niva zuwider war.

»Sehe ich aber nicht«, sagte er trotzig, und hätte der Anwalt Nivas Vater nicht die Hand beruhigend auf die Schulter gelegt, wäre der wohl aufgesprungen und hätte ihm eine runtergehauen, so einen wütenden Blick warf er seinem Sohn zu.

Eingewilligt hat Niva aber letzten Endes nur, weil seine Freunde ihm dazu geraten haben.

»Sei doch nicht blöd! Was machst du denn ohne Job?«, sagte Klaus, und Andre ergänzte, dass eine Vorstrafe auch nicht gerade gut wäre.

»Schon gar nicht wegen dieser Sache.«

Und dass er ausgerechnet in einem Kanakencamp Sozialhilfe leisten sollte, sahen die drei lockerer, als Niva es tat.

»Da bist du wenigstens direkt an der Front. Kannst sie sozusagen vor Ort erledigen«, sagte Franko und grinste dabei. »Ehrlich gesagt, ich wünschte, ich hätte diese Chance. Den Schweinen würde ich schon zeigen, wo es langgeht.«

Aus dieser Perspektive hatte es Niva bisher noch gar nicht betrachtet. Das Argument leuchtete ihm ein und auch Andre und Klaus stimmten Franko sofort zu.

»Ja, genau! Da kannst du sie gleich an Ort und Stelle erledigen. In der Nacht, im Camp, verstehst du?«, sagte Andre und deutete mit dem Zeigefinger einen Kehlenschnitt an.

»Wie heißt es? Nur ein toter Kanak ist ein guter Kanak.«

»Und wenn die mit dem Boot ankommen, dann ersäufst du sie gleich. Einen nach dem anderen«, fügte Klaus hinzu. »Zurück ins Meer. Fischfutter.«

»Die armen Fische, müssen schon wieder Dreck fressen«, kicherte Andre und streckte dabei seine Zunge heraus.

Franko sah Niva mit stechendem Blick an.

»Verstehst du, worin die Chance besteht, von der die Richterin gesprochen hat?«

Deshalb steht Niva hier am Terminal. Nicht freiwillig, das nicht. Seine Eltern, die Richterin, dieser Peters – alle haben ihn unter Druck gesetzt. Aber immerhin hat er jetzt das, was ihm seine Freunde mit auf den Weg gegeben haben, im Hinterkopf.

In einem Schreiben ist ihm mitgeteilt worden, wann und wo er sich einzufinden hätte und dass er besser pünktlich sein sollte, anderenfalls würde es ernsthafte Konsequenzen nach sich ziehen: nämlich seine sofortige Verhaftung und den direkten Transfer ins Gefängnis.

Seine Eltern haben ihn zum Flughafen gebracht, es gab zum Abschied eine kurze Umarmung, der Ausdruck im Gesicht seines Vaters war angespannt, sah irgendwie nach *Sei froh, es hätte noch viel schlimmer kommen können* aus. Seine Mutter stand daneben, mit Tränen in den Augen. Sie waren viel zu früh am Flughafen angekommen, natürlich, sein Vater mit seiner Überpünktlichkeit. Auch nur eine Minute zu spät – das kam gar nicht in Frage, auf keinen Fall. Niva war froh, als sie ihn endlich allein ließen.

»Ich laufe schon nicht davon«, sagte er. »Außerdem muss der Typ ohnehin jeden Moment auftauchen.«

Seine Eltern setzten ein etwas verzweifelt wirkendes Lächeln auf und verließen den Terminal dann.

Kurz überlegt Niva, ob sich eventuell noch eine Zigarette ausgehen könnte, aber dann steuert schon eine etwas schlaksige Figur mit Lockenkopf und einem Rollköfferchen auf ihn zu. Jeans, dunkler Pullover, dicke Jacke mit einer Art Fellkragen. Niva schätzt ihn so auf die Fünfzig, und auch wenn er den Mann nie zuvor gesehen hat, weiß er sofort, dass er nur sein »Aufpasser« sein kann.

Vielleicht wäre es doch besser gewesen, einfach irgendwo unterzutauchen, denkt Niva.

Der Mann bleibt vor Niva stehen, streckt ihm seine Hand hin, aber Niva hat nicht die Absicht, darauf zu reagieren. Händeschütteln mit x-beliebigen Menschen, die er nicht kennt, ist nicht so sein Ding. Da bleibt er lieber auf Distanz, das kann nicht schaden. Zumal es auch kein freundschaftliches Treffen ist, das da zwischen ihnen abläuft. Der Typ lässt seine ausgestreckte Hand also ein paar Sekunden sinnlos in der Luft hängen, verzieht dann seine Mundwinkel und sagt: »Ich bin mir ziemlich sicher, du bist Niva. Ich bin Phillip.«

Als Niva nicht darauf antwortet, sondern nur stumm mit dem Kopf nickt, fügt Phillip hinzu:

»Ich bin ab sofort so etwas wie dein Wachhund.«

Wachhund? Das sollte jetzt wohl lustig sein, denkt Niva. Ist es aber leider überhaupt nicht.

Das breite Grinsen, das Phillip dabei aufsetzt, macht es nicht gerade besser.

Im Flugzeug schnappt sich Niva den Fensterplatz, obwohl er laut Ticket eigentlich Phillip zusteht. Aber der legt ohnehin keinen Wert darauf.

»Ich muss mir die Welt nicht unbedingt von oben ansehen«, ist alles, was er dazu sagt.

Niva ist froh, dass er nichts weiter erklären muss, denn warum er sich so an den Fensterplatz drängte, hat damit zu tun, dass es sein erster Flug ist, und er keine Lust hat, dies Phillip auf die Nase zu binden. Angespannt ist er und auch ein bisschen nervös. Als das Flugzeug dann endlich abhebt und die Landschaft beim Blick aus dem Fenster immer kleiner wird, hat Niva kurzzeitig das Gefühl, als würde sich auch sein Magen etwas nach oben bewegen. Er muss kurz an Klaus und Andre denken. Soweit er weiß, sind die beiden auch noch nie geflogen, und Niva findet es, ehrlich gesagt, gar nicht so schlecht, hier zu sitzen statt auf irgendeinem Dach herumzuklettern. Und noch einen Vorteil sieht Niva. Er wird der beißenden Kälte, die für die kommenden Wochen für Krakeloh angekündigt ist, entkommen. Ende Februar noch Temperaturen um null Grad, nicht gerade angenehm, um sich auf Baustellen abzurackern.

Auf dieser idiotischen Insel, wo er seine Strafe abarbeiten muss, hat es immerhin plus 15. Das hat er im Internet nachgelesen.

Sie bekommen ein patziges Sandwich serviert, Niva bestellt dazu eine Cola, Phillip einen Tomatensaft mit Salz und Pfeffer. Das Zeug sieht ekelig aus, findet Niva. Phillip schiebt jeden Schluck im Mund hin und her, als würde er eine alte Schuhsohle kauen.

Niva schaut ihn verstohlen von der Seite an. Ein kleines Büschel Haar wächst ihm aus dem Ohr und seine Lippen sind ziemlich schwülstig. Fast so wie die Schlauchbootlippen von diesen Filmtussen, die sich Silikon reinspritzen lassen und dann kaum noch reden können.

Bei Phillip sieht das jedenfalls seltsam aus, findet Niva. Der müsste nur ab und zu ins Solarium gehen, dann könnte man ihn gar nicht mehr von einem Bimbo unterscheiden.

Bis jetzt haben die beiden kaum miteinander geredet.

»Du weißt, wohin es geht?«, war alles, was Phillip ihn gefragt hat, und »Fühlst du dich gut?«

Beide Male hat Niva stumm genickt, beim zweiten Mal nur, weil er immer noch keine Lust verspürte, mit Phillip ins Gespräch zu kommen. Denn so richtig gut fühlt er sich nicht gerade. Ein bisschen kommt er sich vor wie ein Sträfling, der gerade in ein Gefangenenlager überstellt wird. Noch dazu eines, das auf einer Insel liegt. An Flucht ist also nicht zu denken.

Wenn Phillip plötzlich höhnisch gelacht und gesagt hätte: *Du weißt schon, dass du von dort nie mehr wegkommst*, es hätte ihn nicht wirklich gewundert oder überrascht. Auf Inseln passieren doch immer die schlimmsten Dinge. Wenn die Menschen sich selbst überlassen sind und langsam aber sicher zu Bestien mutieren. Nirgendwo lässt sich Horror besser ansiedeln, als auf einer kleinen, entlegenen Insel.

Diese Gedanken kreisen in Nivas Kopf, als das Flugzeug sich bereits im Sinkflug befindet. Die Wolkendecke ist verschwunden, die Landschaft rückt langsam wieder näher. Ein bisschen unruhig wird es, das Flugzeug ruckelt, immer wieder ertönt ein Piepston, der signalisiert, man solle sich anschnallen. Von Phillip hört Niva ein leichtes Stöhnen. Jetzt weiß Niva, was los ist und warum er ihm ohne Widerrede den Fensterplatz überlassen hat.

Der Typ hat Schiss, denkt Niva und dieser Gedanke amüsiert ihn.

Er beobachtet Phillip unverhohlen, als dieser lang und tief ein- und ausatmet. Als er Nivas Grinsen bemerkt, sagt er:

»Ich bin nicht so der Flugzeugtyp, weiß du. Auto, Bus, Bahn, Schiff – alles okay. Aber Fliegen? Damit habe ich es gar nicht.«

Ein richtiges Weichei, denkt Niva und starrt wieder aus dem kleinen Fenster auf die näher rückende Landschaft. Und so etwas lässt man auf die Menschheit los.

Ein leises Gefühl der Verachtung für Phillip macht sich in ihm breit.

Sie haben nur zwei Stunden Zeit, um vom Flughafen zur Schiffsanlegestelle in Piräus zu gelangen.

»Hätte man nicht auch direkt auf die Insel fliegen können?«, fragt Niva.

»Ach, da hat jemand seine Sprache wiedergefunden, das ist ja schon einmal ein Fortschritt«, sagt Phillip und dann, nach einer längeren Pause, als wäre ihm erst jetzt wieder Nivas Frage eingefallen: »Hätte man schon, aber das hier ist die billigste Variante und die hat man für uns vorgesehen.«

Auch wenn Niva murrt, ist er nicht ganz unglücklich darüber, dass sich die Ankunft auf der Insel noch etwas hinauszieht. Die Überfahrt ist mit zwölf Stunden angegeben, zwölf Stunden, in denen er sich noch als freier Mensch fühlen kann, trotz des Wachhundes, der ihn keinen Augenblick aus den Augen lässt. Hat er tatsächlich Angst, Niva könnte mit seinem vollgepackten Rucksack plötzlich in einer der engen Gassen, die zum Hafen führen, verschwinden? Als hätte er einen perfekt vorbereiteten Fluchtplan. In Sekundenschnelle würde alles ablaufen, die Fluchthelfer wären bereits in Position, am besten mit einer Motocross-Maschine, mit der kann man alles und jeden abhängen. Bevor Phillip überhaupt kapieren würde, was los ist, wäre Niva schon längst auf und davon, und Mister Wichtigtuer würde nur noch blöd aus der Wäsche schauen.

Weniger aufregend findet Niva die Vorstellung, den Rest seines Lebens hier verbringen zu müssen. Wahrscheinlich würde er schon nach wenigen Wochen seine Richterin auf den Knien anflehen, seine Strafe im Gefängnis zu Hause absitzen zu dürfen. Viel hat er zwar noch nicht gesehen, aber es reicht ihm jetzt schon. Dreckig ist es und abgefuckt, überall sind Graffitis an die Häuserwände gesprüht. Fehlt nur noch, dass plötzlich ein paar übel aussehende Typen mit Knarren in den Händen auftauchen. Wundern würde es Niva nicht.

Phillip entspannt sich erst ein wenig, als die Fähre ablegt.

Kunststück, denkt Niva, jetzt haben sie ja fluchtsicheres Terrain erreicht.

Phillip zieht sich in eines der Cafés an Bord zurück, lässt Niva alleine am Oberdeck stehen. Die Sonne ist bereits untergegangen, in der Dunkelheit leuchten die Lichter der Hafenstadt nur mehr als kleine Punkte. Die Fähre zieht zwei gewaltige und weiß schäumende Spuren durch das dunkle Wasser. Ein paar Möwen fliegen neben dem Schiff her, fast als wollten sie sich mit der Fähre ein Wettrennen liefern. Ein rauer Wind ist aufgezogen, dennoch ist das Meer relativ ruhig, die Oberfläche glänzt schimmernd schwarz, fast wie poliert.

Niva spuckt gerade im hohen Bogen über die Reling, als Phillip plötzlich neben ihm steht.

»Und, getroffen?«, fragt er.

Es nervt Niva, dass Phillip immer hinter ihm herschleicht. Schlimmer ist nur mehr sein Zwang, unbedingt witzig sein zu wollen.

»Ziemlich frisch hier draußen«, sagt Phillip und Niva fragt sich, warum er dann hier ist und es sich nicht an einer der Bars gemütlich macht.

»Kannst du dir vorstellen, wie es wäre, jetzt auf einem kleinen, überfüllten Schlauchboot über dieses Meer zu treiben?«

Wieder einer von Phillips Versuchen, ihn in ein Gespräch zu verwickeln, das hat Niva mittlerweile schon durchschaut. Und er weiß auch, worauf Phillip anspielt, so dumm ist Niva nun auch wieder nicht.

»Es zwingt sie ja keiner«, entgegnet er daher knapp, um das Gespräch gleich wieder abzustoppen. Aber Phillip ist hartnäckig.

»Ganz freiwillig macht das wohl kaum einer. Oder einfach nur so zum Spaß. Da steckt schon eine gehörige Portion Verzweiflung dahinter.«

Jetzt beginnt dieses Gutmenschengequatsche, denkt Niva. Da ist Phillip allerdings bei ihm an der falschen Adresse.

»Selbst schuld«, antwortet Niva knapp.

»Selbst schuld? Wie jetzt?«

»Wenn die zuerst ihr eigenes Land kaputt schießen und dann abhauen, weil es ihnen bei uns besser geht.«

»Ah, so siehst du das also«, sagt Phillip.

»Genau so, und daran wird sich auch nichts ändern.«

Sie blicken beide eine Weile schweigend auf das dunkle Wasser unter ihnen.

»Ich habe gehört, du hast jemanden das Gesicht zerschlagen?«

»Nur die Nase.«

»Warum, wenn ich fragen darf?«

»Hat es verdient, deshalb.«

»Und warum hat er es verdient?«

Für einen Moment überlegt Niva, ob er antworten oder Phillip auch ein bisschen ins Gesicht schlagen soll. Dann hätte die Fragerei ziemlich schnell ein Ende. Oder, noch besser wäre es, ihn einfach zu packen und – hopp – über Bord mit ihm. Niva schaut sich um. Kein Mensch ist zu sehen, wer sollte sich bei der Kälte auch freiwillig hier herumtreiben, dunkel ist es auch, und selbst wenn Phillip während des Falls schreien sollte, hören würde ihn niemand, da ist sich Niva sicher. Alles würde im Pfeifen des Windes und dem Lärm der Schiffsmotoren untergehen.

Niva bemerkt, dass Phillip seine Hände aus der Jackentasche genommen hat und sich nun am Geländer festhält, ganz so, als wüsste er, was ihn Nivas Kopf vorgeht.

Von wegen hopp. Nicht mit mir, Freundchen.

»Weil er ein Verräter war, deshalb. Deshalb hat er es verdient«, sagt Niva.

»Verräter? Verstehe ich nicht.«

»Weil ihm die Kanaks mehr wert sind, als die eigenen Leute. Was gibt es daran nicht zu verstehen?«

»Komisches Wort«, sagt Phillip.

»Was?«

»Kanaks.«

»Bist ja wahrscheinlich auch einer von denen«, ätzt Niva, dreht sich dann um und geht.

»Und das Auto? Hat es das Auto auch verdient?«, ruft Phillip ihm nach.

Niva zeigt ihm den Mittelfinger.

Etwas später kommt Phillip in das Café, in dem es sich Niva gemütlich gemacht hat.

»Ich habe uns eine Kabine organisiert«, sagt er. »Ziemlich eng zwar, ohne Fenster, aber man kann sich wenigsten ein paar Stunden ausstrecken und schlafen.«

Der Vorstellung, die Nacht mit Phillip in einer engen Kabine verbringen zu müssen, reizt Niva nicht besonders. Wahrscheinlich würde er ihn dann auch noch die ganze Nacht zutexten.

»Ich bleibe lieber hier«, sagt er.

»Wie du willst«, antwortet Phillip. »Wir sehen uns dann in der Früh.«

Ja, leider, denkt Niva.

Nivas Handy brummt. Eine WhatsApp-Nachricht von Franko. Ein Foto, der Ausschnitt eines Zeitungsartikels:

Boot mit 600 Flüchtlingen gesunken
Bei einer erneuten Flüchtlingstragödie in der Ägäis
sind möglicherweise mehrere hundert Menschen ertrunken. An der Küste wurden bis Donnerstagabend die Leichen von über hundert Geflüchteten entdeckt.
Das 25 Meter lange Boot kam offenbar aus der Türkei und kenterte knapp 140 Kilometer vor der Küste.

– *Hei Niva, kaum bist du in dieser Gegend unterwegs, schon geht es denen ordentlich an den Kragen!*, schreibt Franko.

– *Habe schliesslich eine mission*, tippt Niva zurück.

– *wenn du so weiter machst, haben wir hier bald nichts mehr zu tun*

– *Ein paar lass ich euch schon übrig, keine sorge!!!!*

– *Ich bitte darum!!*

Noch sechs Stunden, dann werden sie die verdammte Insel erreicht haben.

▲

Eine kleine Wohnung im ersten Stock. Ein schmaler Stiegenaufgang, in dem es feucht und schimmelig riecht. Auch im Zimmer ist der Geruch nicht anders.

»Die Regenzeit ist gerade vorüber«, sagt die Vermieterin. »Ab jetzt wird es besser.«

Eine winzige Küche gibt es. Mit einer verdreckten Kochplatte, einem Waschbecken, einem angerosteten Kühlschrank.

An der Wand hängt ein Bild mit gelben Blumen. Die Küche ist so klein, dass Niva sich kaum umdrehen kann, trotzdem steht ein runder Tisch darin, eine verschmuddelte Plastiktischdecke ist darüber gespannt.

Es ist klamm und feucht im Zimmer, die Heizung funktioniert nicht. Als die Vermieterin an einem herabhängenden Kabel zerrt, gibt sie nur klapprige Geräusche von sich. Sonst geschieht nichts. Die Vermieterin zuckt mit den Achseln, verschwindet und kommt kurze Zeit später mit ein paar zusätzlichen Decken zurück, die sie aufs Bett legt.

Sie deutet mit einer Hand aus dem Fenster.

»Ab jetzt wird es besser«, wiederholt sie, auch wenn es so aussieht, als würde es jeden Moment zu regnen beginnen.

Niva legt sich aufs Bett, selbst die Bettdecken haben die Feuchtigkeit schon angenommen und riechen leicht modrig.

Das wird also dein Zuhause für die nächsten sechs Monate sein, denkt Niva, fragt sich, ob es wirklich eine kluge Entscheidung war, auf den Deal mit der Jugendrichterin einzugehen. Aber war ihm etwas anderes übriggeblieben?

Wenigstens einen kleinen Balkon gibt es.

Es klopft an der Tür, es ist Phillip. Er hat sich im unteren Stockwerk eingemietet.

Bestimmt hat er es komfortabler, denkt Niva. Muss nicht in so einem Drecksloch hausen.

Phillip sieht sich ein wenig um, öffnet die Balkontür.

»Gar nicht so schlecht«, sagt er, und Niva weiß nicht, ob er das ernst meint oder ihn verarschen will.

Das Badezimmer besteht nur aus einem Klosett und einer winzigen Duschkabine, in die Niva kaum hineinpasst. Der Plastikvorhang ist ganz vergilbt, hängt hier bestimmt schon seit Jahren, ohne jemals ausgetauscht worden zu sein. Ein paar der Bodenfliesen sind gebrochen.

»Richte dich erst mal ein«, sagt Phillip. »Morgen geht es dann zum Camp.«

Wie oder was soll er sich hier einrichten, denkt Niva. Wahrscheinlich sind die Zellen im Knast zu Hause besser als das hier, wärmer auf alle Fälle.

Niva tritt auf den Balkon hinaus. Ein metallener Tisch steht da, zwei Plastikstühle. Unten im Garten stehen einige Tontöpfe herum, es gibt einen Zwinger, in dem ein großer Hund hin und her rennt. Viel Platz hat er nicht. Der Hund hat ein schwarz glänzendes Fell, bleibt jetzt stehen und schaut neugierig zu Niva auf den Balkon hinauf. Dann beginnt er leise zu knurren.

»Was?«, faucht Niva den Hund an.

In der Mitte des Zwingers liegt ein alter Autoreifen. Der Hund wendet sich von Niva ab und hockt sich auf den Autoreifen, als wäre er sein ganz persönlicher Thron.

Wo bin ich hier bloß gelandet, denkt Niva.

Er geht zurück ins Zimmer, beginnt, seinen Rucksack auszupacken. Wenigstens einen Kleiderschrank gibt es, sogar mit Kleiderbügeln darin. Dass er sich nicht richtig verschließen lässt, weil die Türen verzogen sind, wundert Niva nicht mehr. Ein paar Pullover hat er mitgenommen oder besser gesagt, seine Mutter hat sie ihm eingepackt, wie auch all die anderen Sachen. Dutzende Socken, Unterwäsche, T-Shirts, drei Jeans, Zahnpasta, eine Zahnbürste, Kopfschmerztabletten, einen Kamm. Niva wundert sich, wie sie all das Zeug in seinem Rucksack verstauen konnte.

Im Zimmer hält er es nicht aus, deshalb entschließt er sich, die Gegend ein bisschen zu erkunden. Der ganze Ort besteht nur aus ein paar Häusern und einem kleinen Hafen. Ziemlich ausgestorben kommt ihm alles vor, was ihn aber nicht weiter verwundert.

Wer soll hier schon leben wollen, denkt er. Noch dazu freiwillig?

Zwei alte Männer machen sich am Hafen an einem Boot zu schaffen, das auf Holzklötzen aufgebockt ist. Sie nicken Niva zu, als er an ihnen vorbeigeht, aber Niva ignoriert sie. Ein paar Katzen hocken in einer übervollen Mülltonne, beäugen Niva in geduckter Haltung, als er vorübergeht. Bis auf die zwei Alten scheint kein Mensch unterwegs zu sein. Einen kleinen Laden gibt es, davor sind Kisten mit Obst und Gemüse aufgestellt.

Alles macht einen ziemlich armseligen und traurigen Eindruck auf Niva. Der ganze Ort strahlt dieselbe Tristesse aus wie sein Zimmer.

Willkommen auf der Gefangeneninsel, denkt Niva.

Ein Café am Hafen hat geöffnet, Niva erkennt Phillip, der trotz des kühlen Windes im Freien sitzt, und aufs Meer hinausstarrt. Als er Niva sieht, winkt er ihm zu, deutet mit einer Hand, zu ihm zu kommen.

»Idiot«, flüstert Niva, überlegt kurz, ob er nicht lieber in eine Seitengasse abbiegen soll, tut es dann aber doch nicht. Als er sich dem Café nähert, hört er wildes Geschrei. Durch die Glasfront sieht Niva eine Gruppe von älteren Männern mit Gummistiefeln, die heftig miteinander diskutieren. Abwechselnd springen sie von ihren Stühlen auf und brüllen los, einer schlägt wütend mit der Handfläche auf einen der Tische.

Niva setzt sich zu Phillip, zieht den Reißverschluss seiner Jacke zu.

»Hier haben sich also alle Einwohner verkrochen«, sagt Niva.

»So viele gibt es nicht mehr. Die meisten, vor allem die Jungen, ziehen von hier weg.«

Kurz verstummt das Geschrei im Café, nur um dann umso heftiger wieder auszubrechen.

»Da drinnen geht es ganz schön zur Sache«, sagt Niva. »Die werden sich jeden Moment die Köpfe einschlagen. Dann ist es mit dem Dorf endgültig vorbei.«

Phillip lacht kurz auf.

»Der war gut«, sagt er und nippt an seinem Kaffee.

Niva würde gerne wissen, was der Grund für die Aufregung ist, will Phillip aber nicht direkt fragen. Deshalb zündet er sich eine Zigarette an, was bei dem Wind gar kein leichtes Unterfangen ist. Eine Zeit lang schauen sie schweigend auf das Meer hinaus und auf die kleinen Fischerboote, die im Hafenbecken träge vor sich hinschaukeln.

»Ich weiß nicht, ob du davon gehört hast«, sagt Phillip, »aber vor ein paar Tagen ist ein Boot mit Flüchtlingen hier vor der Küste gekentert.«

Niva fällt sofort die WhatsApp-Nachricht von Franko ein, *Boot mit 600 Flüchtlingen gesunken*, will es aber Phillip nicht sagen und schüttelt den Kopf.

»Nein, nichts gehört«, sagt er.

»Jedenfalls geht es jetzt darum, ob man rausfahren soll oder nicht. Es gab vor ein paar Monaten schon einmal ein ähnliches Unglück, fast an derselben Stelle. Damals haben sich in den Netzen der Fischer einige Leichen verfangen, darunter auch zwei Kinder. Das war schlimm. Man hat die Leichen hier auf dem Friedhof begraben, alle standen unter Schock. Und jetzt haben sie Angst davor, dass so etwas noch einmal passieren könnte. Leichen statt Fische in den Netzen, keine angenehme Vorstellung, oder? Sie wissen nicht, was sie tun sollen, aber viele Möglichkeiten gibt es ja nicht. Schließlich leben hier alle vom Fischfang.«

Leichen statt Fische in den Netzen.

Niva hat noch nie eine Leiche gesehen, außer im Fernsehen. Trotzdem kann er sich vorstellen, dass es gruselig sein muss, wenn man die Netze einzieht und dann plötzlich so eine aufgedunsene Wasserleiche zum Vorschein kommt. Viel Appetit auf Fisch würde man dann wohl nicht mehr haben.

»Diesmal soll es sogar noch schlimmer sein. Von mehreren hundert ertrunkenen Menschen ist die Rede«, sagt Phillip.

Die Versammlung scheint zu Ende zu sein, die Männer stapfen aus dem Café, aber keiner von ihnen geht Richtung Hafen.

»Es sieht so aus, als wollten sie erst einmal abwarten«, sagt Phillip.

Der Wirt, ein kleines Männlein mit einem unglaublichen Bauch, hat Niva erst jetzt bemerkt, er kommt an den Tisch, fragt Niva, ob er etwas haben möchte. Niva bestellt eine Cola.

»Mir wird es langsam zu kühl. Ich glaube, ich gehe zurück aufs Zimmer«, sagt Phillip. »Wir sehen uns morgen früh.«

»Ja«, antwortet Niva.

Der Wirt bringt die Cola, stellt einen kleinen Teller mit gesalzenen Erdnüssen auf den Tisch.

Niva bleibt noch eine Weile vor dem Café hocken. Einer der Fischer kommt jetzt aus dem Dorf zurück, geht zu einem Boot und macht sich an den Netzen zu schaffen.

Leichen statt Fische in den Netzen.

Niva denkt an Franko.

Na und, würde der sagen, ein paar von denen weniger, ist doch gut so.

Aber jetzt, hier vor Ort, will es sich für Niva nicht so gut anfühlen, wie es sollte. Er kauft sich im kleinen Laden eine Flasche Wasser und zwei Orangen.

Niva hat drei Decken übereinandergelegt, sich darunter zusammengerollt wie ein Hundewelpe und erstaunlich gut geschlafen. Als Phillip an seine Tür klopft, ist er schon munter und angezogen. Ein junger Mann mit einem Pick-up steht vor dem Haus, um die beiden abzuholen. Der Mann stellt sich als Robin vor.

»Es ist nicht weit zum Camp. Falls einmal das Auto nicht zur Verfügung steht, könnt ihr es auch locker zu Fuß schaffen«, sagt Robin, als sie die Küstenstraße entlangfahren. »Das ist unser einziges Auto und steht permanent im Einsatz.«

Niva starrt auf die rumpelige Straße vor ihnen. Immer wieder verreißt Robin das Lenkrad, um einem Schlagloch auszuweichen. Ein besonders guter Autofahrer ist der nicht, denkt Niva. Er selbst hat zwar noch keinen Führerschein, ist aber dennoch immer wieder einmal mit einem Auto gefahren. Meist auf der Schotterstraße, die zum Krakeloher Stausee führt, denn die Wahrscheinlichkeit, dort auf einen Polizisten zu treffen, war verschwindend gering. Und irgendjemand mit Auto fand sich immer.

»Wie viele leben derzeit im Camp?«, fragt Phillip.

»An die dreihundert«, antwortet Robin. »Hauptsächlich Familien oder Mütter mit Kinder. Aber die Situation ist immer noch schwierig. Es werden täglich mehr. Jetzt, wo das Wetter wieder besser wird, wagen viele wieder die Überfahrt.«

»Ich habe davon gehört«, sagt Phillip.

»Ja, eine Katastrophe. Die armen Menschen. Man hat es zu spät entdeckt, das Boot war noch zu weit von der Küste entfernt.«

Ein paar Kinder laufen am Strand herum und sammeln angeschwemmtes Holz.

Das Camp liegt direkt an der Straße, es ist von einem hohen Zaun umgeben, der an mehreren Stellen aufgerissen ist.

»So gelangt man schneller an den Strand, muss nicht immer rundherum gehen«, sagt Robin, als Phillip ihn darauf aufmerksam macht.

Robin parkt das Auto vor einem großen Gebäude.

»Da sind wir. Willkommen!«, ruft er gut gelaunt und springt aus dem Auto.

Niva hingegen ist ziemlich angespannt. Das hier soll also sein Arbeitsplatz für die nächsten Monate werden. Er schaut sich ein wenig um. Sieht ein paar bunt bemalte Container, einige Wohnwagen, jede Menge Zelte in allen Größen, ein paar Holzhäuser. Vor dem Gebäude gibt es eine große überdachte Terrasse mit langen Tischen und Bänken. Eine Außentreppe führt in den ersten Stock.

»Komm«, sagt Phillip.

Niva steigt aus dem Auto, auch wenn er sich lieber darin verbarrikadiert hätte. Noch nie in seinem Leben hat sich

Niva so unwohl gefühlt, er kommt sich vor wie ein Eindringling, einer, der hier absolut fehl am Platz ist.

Ich habe hier nichts verloren, denkt er. Überhaupt nichts.

»Komm jetzt«, wiederholt Phillip, »die Menschen hier sind nicht deine Feinde.«

Das ist die unheimliche Seite an Phillip, findet Niva. Dass er irgendwie in sein Gehirn schauen kann, denn genau das hat er in diesem Moment gedacht: Ich betrete gerade Feindesland.

Von allen Seiten kommen jetzt Leute zum Auto, um sie zu begrüßen. So viele Kanaks und Bimbos auf einem Haufen hat Niva noch nie gesehen.

Er hat es sich schon irgendwie vorzustellen versucht, und diese Bilder hatten allesamt etwas Bedrohliches an sich, und seine Freunde taten mit ihren Sprüche – *Nimm dich bloß in Acht, die killen dich hinterrücks* – ihr Übriges dazu.

Deshalb ist Niva jetzt ein wenig überrascht, dass alle erfreut über sie, die Neuankömmlinge, sind. So richtig gefährlich sieht keiner von denen aus, im Gegenteil. Alle scheinen völlig entspannt, lachen, einige strecken Niva die Hand entgegen und Niva ist sich unsicher, wie er darauf reagieren soll. Was würde passieren, wenn er alle einfach ignorieren würde?

Lasst mich bloß in Ruhe, ihr Affen!

Er hat einiges über diese Camps gelesen, nicht zuletzt auf seiner Facebook-Seite. Dass man sich hier auf gefährlichem Terrain bewegt, dass man sich von denen lieber fernhält, wenn einem das Leben lieb ist.

Ich muss vorsichtig sein, denkt Niva daher. Lass dich bloß nicht austricksen, man weiß, dass die alle link sind und dich bei jeder Gelegenheit übers Ohr hauen wollen.

Dennoch beschließt er, vorerst mitzuspielen, auch weil er bemerkt, dass Phillip ihn beobachtet.

Die Leiterin des Camps stellt sich als Stefanie vor, »die meisten nennen mich aber einfach nur Steff oder Steffi«, sagt sie. Die langen, hellbraunen Haare hat sie zu einem Pferdeschwanz gebunden, eine kleine Brille sitzt auf der Nase.

»Schön, dass du da bist, Niva«, sagt sie. »Wir brauchen hier wirklich jede Hand.«

Eigentlich hat er damit gerechnet, dass man ihn mehr wie einen Häftling behandeln würde, immerhin ist er ja hier, um eine Straftat abzubüßen, aber das scheint keine Rolle zu spielen.

Steffi führt Niva erst einmal ein wenig im Camp herum. Zeigt ihm die große Küche, die Kleiderausgabe, die Waschräume, den medizinischen Versorgungsraum, den Kindergarten.

»Jeder ist hier ein bisschen für alles verantwortlich. Das ist so wie in einer großen Familie«, sagt sie. Die, die hier leben, nennt sie Bewohner, sagt, sie mag das Wort Flüchtlinge oder Asylanten nicht, sie sagt, alle, die hier helfen, machen es freiwillig und kommen aus aller Welt, sagt, es gibt auch eine genaue Einteilung, wer wann im Camp sauber macht, man wolle in einer angenehmen Atmosphäre leben, brauche keinen Trash.

Besonders stolz ist Steffi auf die paar Holzhäuser, die im Camp stehen.

»Unser Ziel ist es, die Zelte loszuwerden. Es ist schlimm für die Menschen, wenn sie jahrelang in Zelten ausharren müssen«, sagt sie und schaut Niva an. »Deshalb bist du ja auch hier, nicht wahr? Peters hat gesagt, du bist handwerklich sehr geschickt und verstehst es, mit Holz umzugehen. Das werden wir dringend benötigen.«

Peters, dieses Arschloch, dem er es zu verdanken hat, dass er jetzt hier ist. Er hat Niva schon davon erzählt. Dass man eine Ladung Baumaterial für etwa dreißig Blockhütten erwarte, die noch vor dem Winter aufgestellt werden sollen.

»Na, ja«, versucht Niva die Erwartungen von Steffi etwas herunterzuschrauben. »Ich bin Dachdecker, mit Blockhütten kenne ich mich nicht aus.«

»Wir helfen alle zusammen, dann wird es schon klappen«, entgegnet Steffi nur.

Sie zeigt Niva eine kleine Möbelwerkstatt, die erst vor kurzem eingerichtet wurde, stellt ihm Lasse vor, einen Pensionisten aus Schweden, der es sich zur Aufgabe gemacht hat, seine letzten Lebensjahre »mit etwas Sinnvollen auszufüllen«, wie er sagt. Deshalb sei er hier, freiwillig, um den Leuten ein bisschen die Grundbegriffe des Möbelbaus näherzubringen.

»Und, wie gefällt es dir?«, fragt Steffi nach Ende des Rundgangs.

»Weiß nicht«, sagt Niva.

Schließlich ist er nur hier, um nicht ins Gefängnis zu müssen. Er wird seine Zeit abarbeiten und das war es dann, nicht mehr und nicht weniger.

»Ist alles ein bisschen viel auf einmal«, sagt Steffi.

Bevor Niva etwas darauf antworten kann, hat sich Steffi schon umgedreht, um ein herbeilaufendes Kind in die Arme zu nehmen.

»Hallo, meine Süße«, sagt sie. »Schau mal, das ist Niva. Der hilft jetzt hier mit.«

▲

Die Schiffsladung mit den Bauhölzern wird später ankommen, als es geplant war. Genaueres weiß auch Steffi nicht, nur dass irgendetwas mit den notwendigen Papieren für die Fracht schiefgelaufen sei. Also hilft Niva vorerst in der

Großküche aus. Was auch dringend nötig ist. Denn in einem anderen Camp, weiter nördlich in den Bergen, ist es zu wilden Ausschreitungen zwischen den Flüchtlingen und der Polizei gekommen. Auch unter den Flüchtlingen selbst ist die Stimmung am Brodeln.

»Wie sollte es auch anders sein?«, sagt Steffi, die alle freiwilligen Helfer zu einer Krisensitzung geladen hat. Auch Niva ist mit dabei. »Ein zusammengewürfelter Haufen von Menschen aus allen Teilen der Erde, der hier unter erbärmlichen Umständen bis zu zwei Jahre zusammengepfercht in Zelten leben muss. Ein kleiner Staat im Staat. Kein Wunder, dass sich die Menschen, die hier ausharren, eigenen Gesetze geschaffen haben. Und die meisten dürfen, wenn man ihnen die Fingerabdrücke abgenommen hat, das Lager nicht einmal mehr verlassen. Und wenn dann der Asylbescheid negativ ausfällt, werden sie zurück in die Türkei geschickt und alles beginnt von vorne. Ein Horror für die 5000 Menschen, die hier leben«, sagt Steffi.

Genau das war passiert. Als die Polizei ein paar junge Afghanen zur Abschiebung abholen wollte, eskalierte die Situation. Zelte wurden in Brand gesteckt, die Polizisten mit Steinen beworfen, die ihrerseits mit Gewalt reagierten. Sie setzten Blendgranaten und Schlagstöcke ein, die Jugendlichen verwüsteten daraufhin die Büros des Aufnahmezentrums und legten anschließend Feuer. Einige der freiwilligen Helfer konnten sich in letzter Minute retten.

Bei den Ausschreitungen wurde auch die Lagerküche zerstört, jetzt muss das Camp, in dem Niva arbeitet, kurzfristig aushelfen. Tausende Essen pro Tag werden gebraucht, um die Versorgung einigermaßen sicherzustellen.

»Ich weiß, das ist kaum zu schaffen, aber wir müssen es zumindest versuchen«, erklärt Steffi.

Niva tropft der Schweiß von der Stirn während er ganze Säcke mit Zwiebeln kleinhackt und danach Berge von Zucchini und Gurken schneidet. Er flucht leise vor sich hin, weil es ihm lieber wäre, Holzhäuser zu errichten, als hier zu stehen und sich mit Gemüse herumzuschlagen. In der Küche herrscht Gedränge, alle wollen ihren Beitrag leisten, die Luft ist heiß und stickig. Der Pick-up ist gefragt wie nie zuvor. Kisten mit Lebensmitteln werden herangeschafft und im Lagerraum verstaut, fertig zubereitete Essen in Riesentöpfe verstaut und auf die Ladefläche gehievt, um zum Zeltlager transportiert zu werden. So geht es von morgens bis abends und das über Tage. Bis die Küche im Zeltlager einigermaßen aufgebaut ist und wenigstens einen Teil der Verpflegung wieder selbst übernehmen kann.

Einmal fährt Niva mit, aus Neugier.

»Es ist ein schlimmer Ort«, warnt ihn Robin, aber Niva lässt sich davon nicht abbringen.

Der Pick-up ruckelt über eine schmale Straße, die links und rechts von Olivenhainen gesäumt ist. Robin fährt langsam, denn auf der Ladefläche stehen die Töpfe mit Essen, das Niva zuvor mit anderen Helfern in der Küche zubereitet hat. Zwei Gerichte haben sie gekocht: einen Gemüse- und einen Nudeleintopf mit etwas Fleisch darin.

Nach ein paar Kilometern lichtet sich der Olivenhain ein wenig, gibt den Blick frei auf die karge und steinige Landschaft, in der sich kleinere Schafherden tummeln. Niva kann die ersten Zelte am Berghang erkennen.

»Wir sind gleich da«, sagt Robin. »Egal, was passiert, halte dich bloß von der Polizei und den Soldaten fern. Die sind hier nicht zimperlich.«

Robin fährt jetzt noch langsamer als zuvor, auf den letzten paar hundert Metern bevor sie das Lager erreichen, sind

Soldaten mit Maschinengewehren links und rechts neben der Straße positioniert. Die Zelte scheinen sich endlos über den Hang auszudehnen, und doch sind sie von einem meterhohen Stacheldrahtzaun umgeben.

»Wie ein Hochsicherheitstrakt«, sagt Niva.

»Ja«, entgegnet Robin. »Das Camp wird vom Militär verwaltet, und nach den Krawallen sind jetzt alle hypernervös.«

Auch wenn Robin seit Tagen zur Essensanlieferung hierher kommt, so ist er doch angespannt. Niva kann es förmlich fühlen. Vor dem Camp wird der Pick-up von ein paar Polizisten angehalten. Robin kurbelt das Seitenfenster hinunter.

»Wir bringen das Essen«, sagt er.

Einer der Polizisten weist Robin ein, einer anderer springt auf die Ladefläche, hebt die Deckel der Töpfe hoch, als wollte er kontrollieren, ob wirklich nur Essen ins Lager gebracht wird.

»Jedes Mal dasselbe Spiel«, sagt Robin leise. »Die mögen uns nicht besonders.«

Links und rechts des Eingangs erstreckt sich eine hohe Steinmauer, auf der ebenfalls Stacheldraht ausgerollt ist. Jemand hat *No Borders, No Nations* und *Welcome to prison* auf die Mauer gesprayt.

Am Eingang sind auch Soldaten mit Gewehren postiert. Ein Polizist verlangt nach einem Ausweis, der dazu berechtigt, das Camp zu betreten. Den besitzt aber nur Robin.

»Er hilft mir, das Essen ins Camp zu bringen«, erklärt Robin und deutet auf Niva, aber der Polizist schüttelt den Kopf.

»Not in the camp.«

Niva darf nur beim Abladen behilflich sein, der Zutritt zum Lager wird ihm nicht erlaubt.

»Du musst draußen bleiben, da kann man nichts machen«, sagt Robin.

Ein paar Afrikaner kommen und tragen mit Robin die Töpfe ins Lager. Niva nutzt die Zeit, um ein wenig herumzustreifen. Er geht zuerst die Mauer entlang, dann neben dem Zaun den Hang hinauf. Er ist ein wenig nervös, schaut immer wieder zurück, ob vielleicht einer der Soldaten ihn beobachtet, was aber nicht der Fall ist. Niva beschleunigt seinen Schritt etwas, bleibt schließlich ein wenig außer Atem stehen. Von dieser Anhöhe aus hat er jetzt einen guten Blick ins Lager. Ein Zelt reiht sich an das andere, dazwischen gibt es schmale Trampelpfade, überall sind Wäscheleinen gespannt, auf denen Kleidung aufgehängt ist, ein paar barfüßige Kinder spielen dazwischen Fangen. Niva kommt sich ein wenig seltsam vor, als würde er Tiere in einem Zoo beobachten. Die Kinder haben ihn jetzt bemerkt, rufen ihm etwas zu. Eine schwangere Frau kommt aus einem der Zelte heraus, schaut in Nivas Richtung. Die Kinder beginnen unter lautem Gejohle Steine nach ihm zu werfen. Die Frau schreit die Kinder an, verschwindet wieder im Zelt, und die Kinder widmen sich wieder ihrem Spiel. Weiter unten, beim Eingang, hat sich eine lange Menschenschlange gebildet. Niva erkennt Robin, der mit ein paar anderen Helfern dabei ist, das Essen auszugeben. Daneben ein großer Haufen mit verkohlten Überresten von Zelten.

Eine Gruppe von jungen dunkelhäutigen Männern hat Niva entdeckt. Einer von ihnen schreit etwas in seine Richtung. Für Niva klingt es bedrohlich und er tut so, als würde er sie nicht bemerken. Die Männer beginnen heftig zu diskutieren, dann löste sich einer von der Gruppe und steuert auf Niva zu. Niva wendet sich ab.

Nichts wie weg hier, denkt er.

Mit schnellen Schritten geht er jetzt wieder den Hang hinunter. Der Mann winkt ihm zu, deutet ihm, stehen zu bleiben, aber Niva will nicht, heftet seinen Blick starr auf den steinigen Boden, um nicht zu stolpern. Als er endlich den Pick-up erreicht, ist er völlig außer Atem. Er setzt sich ins Auto, zündet sich eine Zigarette an. Die Art, wie ihn die Soldaten und Polizisten beobachten, ist ihm unangenehm, deshalb schließt er die Augen, will nichts mehr sehen. Er ist froh, als Robin endlich auftaucht. Mit den Afrikanern verstaut er die leeren Töpfe auf der Ladefläche des Pick-ups, aus dem Zeltlager hört man lautes Geschrei.

»Das Essen reicht nie aus, nie! Es ist nie genug für alle da«, flucht Robin, als er einsteigt, das Auto startet und losfährt.

»Die Kinder haben Steine nach mir geworfen«, sagt Niva und Robin beginnt zu lachen.

»Schockiert dich das wirklich? Was würdest du tun an ihrer Stelle, auf der anderen Seite des Zauns?«

Niva ist froh, als sie diesen Ort endlich hinter sich haben.

»Wenn du willst, kann ich dir einen Ausweis besorgen, damit du nächstes Mal mit hinein darfst«, sagt er, aber Niva schüttelt nur den Kopf. Er hat nicht vor, noch einmal hierher zu kommen.

Δ

Die erste Erntesaison hat auf der Insel begonnen. Jeden Tag rufen Bauern an, fragen, ob man im Camp an den Waren, die nicht für den Verkauf und den Export geeignet sind, interessiert sei.

Natürlich, alles werde gebraucht, sagt Steffi.

Für die Helfer bedeutet diese Ansage eine immense Herausforderung. Fast stündlich trudeln Pick-ups ein, voll beladen mit Gemüse und Obst. Was nicht für das tägliche Essen gebraucht wird, muss weiterverarbeitet werden, nichts will man verschwenden. Niva spürt vom vielen Stehen beim Einschneiden und Einkochen sein Kreuz nicht mehr. Hunderte Vorratsgläser werden mit Tomaten, Melanzani, Zucchini und Gurken gefüllt. Zwischendurch geht es dann noch zur Kleiderverteilung an den Hafen, auch hier herrscht Aufregung und Hektik. Was nicht vor Ort an die Menschen verteilt wird, muss ins Camp geschafft werden, wird gewaschen und anschließend im Kleidershop fein säuberlich auf Kleiderbügel gehängt oder in die Regale gestapelt. Noch nie in seinem Leben ist Niva so müde gewesen, an den Abenden ist Niva so erschöpft, dass er gar keine Lust dazu hat, auf die WhatsApp-Fragen seiner Freunde zu antworten.

Wie es ihm mit der Kanaksbrut gehe, wollen sie wissen und *wie viele er schon erledigt habe*. Er ist auch zu müde, um das lustig zu finden. Mit seinen Eltern hat er ab und zu telefoniert, ihnen gesagt, dass es ihm gut gehe, dass viel zu tun sei. Das kann er seinen Freunden ohnehin nicht sagen, was würden die von ihm denken? Ist er in der kurzen Zeit, die er jetzt hier ist, nicht selbst zu einem Verräter geworden? Hilft mit, diejenigen, die es eigentlich zu bekämpfen gilt, zu versorgen. Was würden die davon halten?

Klaus schreibt, dass Tosi jetzt mit Franko zusammen sei, dass sie jetzt die meisten Wochenenden mit ihm und den Waldgängern verbringe und sie gemeinsam Störaktionen gegen den Feind planen.

Die erfolgreiche Aktion »Schweinekopf« wolle man in naher Zukunft noch einmal wiederholen.

Aktion Schweinekopf.

Wie oft hat Franko diese Geschichte zum Besten gegeben? Niva erinnert sich an jeden Satz, an jedes Detail, sogar der Gesichtsausdruck von Franko taucht so klar und deutlich vor ihm auf, als würde er jetzt vor ihm stehen und ihm das Ganze noch einmal erzählen:

»Das Beste an unseren Aktionen war bisher der Schweinskopf und das Blut. Das muss dir erst mal einfallen. Ich, Franko, das Genie. Ihr wisst doch, die haben in Basetz, ausgerechnet in Basetz, so eine Moschee gebaut. Kann das wahr sein? Wo sind wir denn hier? Im Mohammedland? So weit kommt es noch, dass die ihre Zwiebeltürme bei uns aufbauen. Der kann mich mal, der Mohammed. Also, was machen wir, denn klar ist, irgendetwas muss man machen, so etwas kann man sich nicht gefallen lassen. Ich also zu Daniel, ihr wisst schon, der fette Daniel. Fleischer, wie er im Buch steht, eindeutig. Ich fahre also zu Daniel und sage: Daniel, ich brauche einen Schweinekopf und Schweineblut, viel Schweineblut. Kein Problem, sagt der, kannst du jederzeit haben. Er fragt gar nicht nach, wofür, weshalb. Ist ihm egal. Ich weiß nur, er mag die auch nicht, obwohl er sich an ihnen dumm und dämlich verdient. Alle kommen zu ihm, weil er der Einzige ist, der die Viecher für die schächtet. Illegal, versteht sich. Wenn das mal hochgeht, kann er seinen Laden zumachen. Da muss ordentlich Kohle drin sein, sonst würde er das Risiko nicht eingehen. Am nächsten Tag ruft mich Daniel an, frische Schlachtung, so ein richtig schönes dickes Schwein. Mit zwei von den Waldgängern fahren wir hin, sehen zu, wie das Schwein vom Anhänger geholt wird, Daniel legt das Gewehr an und zack, das wars. Kehle aufgeschnitten, ich halte den Eimer unter die Schnittstelle. Das spritzt nur so raus, das könnt ihr euch gar nicht vorstellen. Und das Schwein zuckelt und zappelt. Daniel mixt noch so ein Zeug in das Blut, damit es nicht stockt. Wir sehen noch zu, wie Daniel das Schwein enthaart, zum Schluss noch mit dem Flämmer drüber. Mit der Hacke schlägt der das Schwein dann mittendurch, alles Handarbeit. Falls jemand von euch einmal auf Krawall aus ist, ein Tipp: Legt euch niemals mit Daniel an. Wir verladen also das ganze Zeugs in den Kofferraum und warten bis es dunkel wird. Und dann fahren wir los. Wenn ich die Moschee schon von weitem sehe, kommt mir das Kotzen, aber so richtig. Wir fahren ein paar Mal um das Ding herum, bis wir sicher sind, dass wirklich keiner da ist. Mit ihrem Allah verstehen die Kanaks keinen Spaß, die hätten uns ruck zuck abgemurkst, wenn sie uns erwischt hätten. Geschächtet wahrscheinlich, Kehle durch, ausbluten lassen. Muss ja nicht sein. Wir fahren also ein paar Mal rundherum. Egon bleibt im Auto, ich sage zu ihm, lass bloß den Motor laufen, man kann nie wissen, und ich und Mike raus aus dem Auto, Kofferraum auf. Mike schnappt sich den Kopf, ich den Kübel mit Blut. Nach links und nach rechts geschaut und dann laufen wir auch schon los. Mike knallt den Schweinskopf direkt vor die Tür und ich schütte reichlich Blut darüber. Reinste Kunst, kann ich euch sagen. Den Rest, der noch im Eimer ist, den schütte ich mit Schwung gegen die Tür. Das rinnt herunter, als hätte man das Schwein hier geschlachtet. Mach schon, sagt Mike. Der ist immer ein bisschen nervös, aber das ist okay in dem Fall. Ich tauche meine Handflächen noch in das Blut hinein und dann schreib ich *Fresst Schweine ihr Schweine.* Das ist mir erst vor Ort eingefallen, als ich das Blut gesehen habe, wie es an der Tür herunterrinnt. Das war gar nicht geplant. Ein Spontaneinfall. Eine göttliche Eingebung. Wirklich gelungen. Und dann sind wir weg. Das Ganze hat nicht länger gedauert als ein paar Minuten. Das ist Guerillakampf, besser kann man es nicht machen. Kurzer Angriff und dann weg. Damit zermürbt man jeden Gegner. Schade nur, dass ich die Gesichter der Kanaks am nächsten Morgen nicht gesehen habe. Wenn die zum Beten antreten. Das wär's echt gewesen.«

Tosi ist jetzt also mit Franko zusammen und sitzt mit seinen Waldgängern in einem Boot, denkt Niva, aber dieser Gedanke lässt ihn seltsam ungerührt. Vor kurzem noch hätte er bestimmt einen leichten Anflug von Eifersucht verspürt, auch wenn immer klar gewesen ist, dass es bei ihnen nie über eine freundschaftliche Beziehung hinausgehen würde. Und immerhin trägt Tosi Mitschuld daran, dass er den Typ niedergeschlagen hat und diese Aktion jetzt hier auf der Insel abbüßen muss. Aus Franko ist er ohnehin nie richtig schlau geworden, immer hat sich Niva gefragt, warum er eigentlich mit ihnen abhing. Er passte gar nicht richtig dazu, besuchte das Gymnasium und wollte unbedingt studieren gehen. Das eine oder andere Mal machte er auch keinen Hehl daraus, dass er sich intellektuell überlegen fühlte. Was sie ihm nur durchgehen ließen, weil sie ihn nicht für voll nahmen, er ist körperlich schwächer, eine richtige *Hühnerbrust*, nicht einmal in der Lage, eine Bierflasche mit dem Feuerzeug zu öffnen. Im Großen und Ganzen eine Witzfigur.

Wie soll man mit dem einen Krieg gewinnen?

– *Fast vergessen*, schreibt Klaus. *Unsre Seite ist wieder online. Meld dich mal*

– *Mach ich*, tippt Niva ins Handy, löscht die Nachricht aber wieder. Dann schläft er in seinen Klamotten ein.

Δ

Am Morgen ist er schlecht gelaunt. Irgendetwas ist in den letzten Wochen mit ihm passiert, was ihm gar nicht passt. Als hätte er einer Art Gehirnwäsche hinter sich. Man hat ihn zu einem Verräter gemacht, perfide, hinterrücks. In der Hoffnung, er würde es nicht bemerken und so langsam einer von ihnen werden. Aber so leicht wird er es ihnen nicht machen. Er hat das Spiel durchschaut und jetzt kann er es nach seinen Plänen lenken. Das also ist die Taktik der Gutmenschen, mit ihrer falschen, aufgesetzten Fröhlichkeit, mit ihrer Milde, der Nachsicht, mit der man jeden Fehler verzeiht. Nichts als eine billige Show. Und fast wäre er darauf reingefallen. Hätte um ein Haar seine alten, seine richtigen Freunde im Stich gelassen. Und sich neue zugelegt? Typen, die Jamil, Ashraf, Deniz, Robin, Karim oder sogar Mohammed heißen!

Er greift sofort zum Handy. Liest die letzte Nachricht von Klaus.

– *Unsre Seite ist wieder online. Meld dich mal*

– *Das ist gut*, schreibt Niva jetzt zurück, schämt sich, dass er es nicht schon gestern getan hat. Klaus' Antwort lässt nicht lange auf sich warten.

– *Gut? Gut? Das ist alles was dir dazu einfällt das ist nicht gut sonderrn sauGEIL!! seit den randalen beid er demo ist die hölle los – den gutmenschen wird so richtig die haut abgezogen.*

– *Gut*, schreibt Niva zurück.

– *fuck you und dein gut!!! wasn los mit dir?*

Klaus hat recht. Was ist bloß los mit ihm? Auch wenn er sich Mühe gibt, will sich die Begeisterung nicht richtig einstellen. Natürlich, es ist *gut*, dass die Seite wieder online ist, *gut, sehr gut* sogar. Niva könnte durchdrehen. Er wird das verdammte *gut* einfach nicht los.

GUT, GUT, GUT. Fuck you!

Mehr will da einfach nicht heraus aus ihm.

Das kommt nur daher, dass er kaum eine Nacht durchschlafen kann, weil in dem Kaff, in dem er untergebracht ist, jeden Morgen um fünf ein Krawall startet, als würde man in einem Zoo leben. Meist beginnt irgendein Köter zu bellen und das ist nur der Auftakt. Einer beginnt und hunderte stimmen ein, als gäbe es auf dieser verfluchten Insel nichts anderes als kläffende Köter. Und dann folgt das Gegacker und Geschrei von Hühnern und Enten und Ziegen und Eseln. Ein morgendlicher Tumult sondergleichen, an Schlaf ist nicht mehr zu denken. Am liebsten würde er den Viechern – und zwar einzeln – den Kragen umdrehen. Einmal hat er Robin davon erzählt, und was hat der gesagt? Dass man sich daran gewöhne mit der Zeit. Aber davon hat Niva bis jetzt noch nichts gemerkt. Das Geschrei der Esel ist besonders schlimm, es klingt wie ein einziges, langgezogenes Krächzen und Schnauben und Röcheln, so als würde ihnen jemand mit einem Strick die Luft abschnüren und sie um ihr Leben schreien.

Als ob all das noch nicht reichen würde, klappert die Klimaanlage auch noch ein paar Mal in der Nacht los. Sie funktioniert zwar nicht, aber sie gibt kräftige nächtliche Lebenszeichen von sich, auch wenn Niva das Ding bereits ausgesteckt hat.

Und wenn man diese Nächte überlebt hat, folgt die Arbeit im Camp. Niva kann all diese schwarzen und dunklen Gesichter nicht mehr sehen, und das blödsinnige Grinsen der Freiwilligen, die hier ihr Helfertum ausleben, in Wahrheit aber nur sich selbst befriedigen, weil ihnen sonst zum Leben nichts einfällt, geht ihm fast noch mehr auf den Geist.

Niva ist so wütend, dass er am liebsten losschreien würde. Er hätte sich auf diesen Deal nicht einlassen sollen. Das hat er jetzt davon. Im Stich gelassen von allen.

Niva hält es im Zimmer nicht mehr aus, geht auf den Balkon hinaus. Es ist noch diesig, ziemlich früh am Morgen.

Die Vermieterin ist schon im Garten, säubert den Hundezwinger. Nur mit einem Morgenmantel bekleidet, die Haare mit Lockenwicklern eingedreht. Er beobachtet sie eine Weile, irgendwie erinnert sie ihn an seine Mutter, sie dürften auch ungefähr gleich alt sein. Als der Hund Niva am Balkon entdeckt, beginnt er mit dem Schwanz zu wedeln und die Vermieterin wird auf ihn aufmerksam.

»Guten Morgen, Niva«, sagt sie und auch ihre Stimme erinnert Niva an die seiner Mutter.

»Morgen, Nancy«, grüßt er zurück.

Er geht zurück ins Zimmer, hockt sich auf die Bettkante. Irgendetwas ist in den letzten Wochen mit ihm passiert und Niva weiß einfach nicht, was er davon halten soll.

Nur eines ist klar für Niva. Er muss in der nächsten Zeit Grenzen setzen, um sich selbst zu schützen. Er ist keiner von denen und hat auch nicht vor, einer zu werden. Im Camp verschwimmt alles miteinander. Egal wer, wie, was oder woher – alles wird in einen Topf geworfen und dann zu einem Brei vermahlen, aber Niva will kein Einheitsbrei werden, er weiß, wohin er gehört.

Fast hätte er das vergessen, so weit ist es schon gekommen.

Die Widerstandsseite. Noch immer hat er sie nicht geöffnet, das jetzt zu tun, wird der erste Schritt in die richtige Richtung sein, denkt Niva, zurück zur Normalität, zu seiner Normalität.

Wow, denkt er, als er sieht, was sich alles getan hat, seit die Seite »Krakeloh wehrt sich« wieder öffentlich zugänglich ist. Posting reiht sich an Posting, dazu unzählige Fotos und Videos von der *»Hei, wir haben sie gesprengt«*-Demonstration.

Quastor: *diesen Linken schlagt in die fresse bis ihre zähne nach Mekka fliegen*

basl: *Erste und letzte regel: draufhauen bis der bastard sich nicht mehr bewegt*
hunter: *Schmeißt diese Leute raus aus unserem Land!*
Captain X: *Verpisst euch und nehmt den allahschwuchtelscheiß mit. Geht und begrabt euch*
Xara: *Die gehen für ihre Vergewaltiger auf die srtasse – Raus, raus!*
Richard: *System gegen das eigene Volk, erst Vergewaltiger und Verbrecher ins Land spülen. Und wir dürfen Wahnsinn bezahlen.*

Mehr zu lesen schafft Niva nicht, er scrollt nur auf und ab, so schnell, dass die Bilder und Texte nicht mehr erkennbar sind. Klaus hat recht, da geht es ganz schön zur Sache. Aber gerade eben ist er nicht in richtiger Stimmung dafür. Stattdessen beschließt er, heute zu Fuß zum Camp zu gehen. Es ist noch relativ früh, Phillip schläft noch und Niva hängt ihm eine Nachricht an die Tür. Phillip besteht darauf, Bescheid zu wissen, wo Niva unterwegs ist.

»Dafür werde ich schließlich bezahlt«, hat er gesagt, und Niva weiß, dass es letztlich auch Phillip sein wird, der seine Arbeit hier beurteilt, ob Niva sie zur Zufriedenheit der Richterin erfüllt hat.

»Es hängt auch von dir ab, ob dieser Versuch mit ›Soziales statt Gefängnis‹ weitergeführt wird oder ob man das Ganze wieder in der Schublade verschwinden lässt.«

Ein weiterer Grund für Phillip, Niva genau im Auge zu behalten.

»Ich bin also so etwas wie ein Versuchskaninchen«, stellte Niva fest und Phillip bemühte sich erst gar nicht, es zu leugnen.

»Ja, genau, ein jugendliches Versuchskaninchen. Du hast es auf den Punkt gebracht.«

Es macht Niva nichts aus, er hat sich damit abgefunden. Zudem ist er ohnehin wie ein Gefangener auf der Insel, was könnte er da schon groß anstellen, das er vor Phillip verheimlichen müsste?

Der Weg zum Camp führt den Strand entlang, der sich über Kilometer entlang der Küstenstraße erstreckt. In den vergangenen Wochen wurde hier ordentlich gesäubert, kein Müll ist mehr zu sehen. Es wird nicht mehr lange dauern, bis die ersten Touristen eintreffen. Da will sich die Insel von der besten Seite präsentieren.

Als er im Camp ankommt, steht ein Polizeiauto vor dem Bürogebäude. Carmen, eine Freiwillige, lehnt an der Treppe und raucht. Carmen arbeitet seit einem Jahr hier, ist in Südafrika aufgewachsen. Ein »Bastard«, wie sie sich selbst mit einem Augenzwinkern bezeichnet, »das Produkt einer heißen Liebesaffaire zwischen meiner englischen Mutter und einem Schwarzen«. Als sie Niva sieht, lächelt sie.

»Du bist schon hier?«, fragt sie.

»Ich konnte nicht mehr schlafen«, antwortet Niva, deutet auf das Polizeiauto.

»Was ist denn los?«

»Troubles«, sagt Carmen und macht ein paar hektische Züge an der Zigarette. »Jede Menge troubles.«

Steffi kommt mit zwei Polizisten aus dem Büro im ersten Stock. Sie hat eine Mappe unter den Arm geklemmt.

»Ich muss in die Stadt«, sagt sie, bevor sie ins Polizeiauto einsteigt. »Ich hoffe, ich bin in zwei, drei Stunden wieder da.«

Carmen tötet die Zigarette ab, zündet sich sofort eine neue an.

»Ein Bauer hat Afwerki angeschossen, zwei weitere wurden verhaftet, wir wissen aber noch nicht, wer«, erzählt Carmen. »Afwerki liegt im Krankenhaus, man kann nur hoffen, dass er nicht allzu schwer verletzt ist. Angeblich haben er und seine Freunde ein Schaf gestohlen. Der Bauer will sie dabei beobachtet haben und hat sofort geschossen. Verrückt das alles und es wird immer schlimmer. Dass ab und zu ein Schaf oder eine Ziege von den Weiden verschwindet, wissen wir. Wundern muss man sich darüber nicht. Wenn so viele hier leben und die Nahrung kaum ausreicht. Da ist es natürlich verlockend, sich ein Tier einfach selbst zu organisieren.«

Sie sieht Niva an.

»Würdest du das nicht auch tun?«

Niva ist sich nicht sicher. Doch, ja, wahrscheinlich, denkt er, sagt es aber nicht.

»Ich verstehe die Bauern ja auch«, fährt Carmen fort. »Sie werden von allen im Stich gelassen, keiner interessiert sich für ihre Probleme. Der eigene Staat nicht und die EU schon gar nicht. Aber die Stimmung droht jetzt wirklich langsam zu kippen. Um ihre Tiere zu schützen, haben sie sich mittlerweile bewaffnet und zögern leider auch nicht mehr, davon Gebrauch zu machen.«

»Das ist übel«, sagt Niva.

»Ja, übel. Das gibt jede Menge Ärger. Aber wir müssen erst einmal abwarten, wissen, was genau passiert ist.«

»Was glaubst du?«

»Ich glaube nicht, dass Afwerki wirklich ein Schaf stehlen wollte, das passt gar nicht zu ihm. Das Schlimme ist, dass die Polizei hier völlig überfordert ist. Da wird nicht lange nachgefragt, für die ist jeder Flüchtling an sich ein Verbrecher. Am liebsten würden sie alle in ein Gefängnis verfrachten und dort verrotten lassen. Für die sind das doch keine Menschen.«

Sie setzen sich auf die Terrasse, Carmen holt zwei Kaffee aus der Küche. Niva mag Carmen, auch wenn ihm ihre direkte, offene Art manchmal ein wenig zu schaffen macht.

»Schlecht geschlafen?«, fragt sie. »Warum? Keine guten Nachrichten aus dem Hinterland?«

»Meine Heimat ist kein Hinterland«, sagt Niva, seine Stimme klingt gereizt.

»Ach, Heimat?«, entgegnet Carmen, auch sie jetzt gereizt. »Schöne Heimat, wo man die Unterkünfte für Flüchtlinge in Brand steckt.«

Niva erstarrt kurz. Er denkt an das Hotel, das Flammeninferno, das Gegröle der Menschen.

»Das Internet weiß alles«, sagt Carmen, bevor Niva etwas entgegnen kann. »Und natürlich war ich auch ein bisschen neugierig. Krakeloh, Heimat des Widerstands. Ich frage mich nur, ob ich in meiner Heimat glücklich sein kann, wenn ich weiß, es gibt Millionen, die keine Heimat haben. Und daran, dass sie keine haben, sind wir auch nicht ganz unschuldig.«

»Die Menschen haben eben Angst, die wollen nicht von Fremden überrollt werden. Die stehen eben für ihre Kultur ein, kämpfen darum.«

»Tun sie das, ja? Ich frage mich nur, warum ihr alle so Angst habt, auszusterben. Was macht euch denn aus, dass ihr glaubt, ihr habt ein Recht auf ewiges Leben, während die anderen ruhig im Meer ersaufen dürfen?«

»Es soll eben jeder bleiben, wo er ist«, sagt Niva wütend.

Wie kommt sie dazu, ihn so anzugreifen? Nur weil sie für sich selbst keine Heimat findet, nicht weiß, wo sie hingehört. Hat sie das nicht selbst schon einmal gesagt, dass es keinen Platz gibt, an dem sie sich zu Hause fühlt? Weil sie überall das Gefühl hat, jeder denke nur mehr an sich, weil alle so verbissen sind und ihnen jedes Lächeln schwerfällt? Und? Ist das jetzt seine Schuld, dass es für sie nicht so gut gelaufen ist, dass sie sich immer und überall wie eine Fremde fühlt? Dafür kann sie doch nicht ihn verantwortlich machen! Heimat sei für sie kein Ort, sondern ein Gefühl, hat sie gesagt. Zum Teufel mit den Gefühlen, die sind nicht greifbar. Für Niva ist Heimat ein konkreter Ort, an dem konkrete Dinge geschehen, an dem konkrete Menschen leben, nicht irgendein schwammiges Gefühl.

»Weißt du«, sagt Carmen, »du lebst und arbeitest jetzt seit drei Monaten hier. Aber verstanden hast du noch nichts!«

Beide sitzen sich jetzt schweigend gegenüber, fast so, als würden alle beiden kurz überlegen, einfach aufzuspringen und in entgegengesetzte Richtungen davonzustürmen. Aber keiner der beiden tut es, sie lenken ihre Blicke stattdessen auf einen der kleinen Hunde, die ebenfalls im Camp Zuflucht gesucht haben und es sich einigermaßen gut gehen lassen.

»Es tut mir leid«, sagt Carmen. »Ich bin einfach etwas durch den Wind.«

Sie legt eine Hand auf Nivas.

»Ich wollte nicht gemein zu dir sein. Es war nur alles ein bisschen viel heute Morgen.«

»Das ist schon in Ordnung«, antwortet Niva und wünscht sich, Carmen würde ihre Hand ewig auf seiner liegen lassen.

»Wie sieht es mit Arbeit aus?«, fragt sie.

»Ich bin heute für den Waschdienst eingeteilt«, sagt Niva.

»Und ich darf wieder mal Gemüse schnipseln.«

Steffi kommt gegen Mittag ins Camp zurück. Afwerkis Schussverletzung sei nicht so schlimm, die Kugel hat zum Glück nur seine Schulter gestreift, dafür sitze die Angst umso tiefer.

»Er zittert noch immer am ganzen Körper«, sagt Steffi.

Die beiden anderen – Amiel und Taya – wurden ins Gefängnis gebracht.

Afwerki beteuert, nichts mit dem Schafdiebstahl zu tun zu haben. Die drei seien nur unterwegs zur kleinen Kapelle am Berg gewesen. Seit sie im Camp leben, gehen sie jeden Tag dorthin, um für ihre Angehörigen zu beten. Sie haben seit Monaten nichts von ihnen gehört, was können sie sonst für sie tun außer beten?

»Aber der Bauer bleibt bei seiner Behauptung«, sagt Steffi. »Dabei kann der doch keinen Flüchtling von einem anderen unterscheiden, für ihn sehen alle gleich aus.«

Aber Steffi macht sich keine Illusionen.

»Es ist nicht schwer zu erraten, wem die Polizei am Ende mehr Glauben schenkt. Das wird schwierig.«

Sollten sie verurteilt werden, werden sie in das Gefängnis auf der Nachbarinsel überstellt.

»Sie da wieder rauszubekommen wird hart.«

▲

Am Nachmittag taucht Carmen bei Niva im Waschraum auf.

»Komm«, sagt sie. »Mohammed hat eine Idee und ich weiß, wo wir das Material dafür finden. Die Wäsche läuft nicht davon.«

Niva wäre es lieber, Carmen würde nicht in Rätseln reden, trabt ihr aber folgsam hinter her. Sie hat sich den Pick-up für die nächsten Stunden reserviert.

»Ich sollte Phillip Bescheid sagen«, sagt Niva.

»Er wird sich schon nicht in die Hosen machen«, kichert Carmen und springt in den Wagen.

»Wohin fahren wir?«

»Wirst schon sehen«, sagt Carmen und gibt Gas.

Sie fahren in den nördlichen Teil der Insel, die Küstenstraße entlang, die manchmal auch hoch in die Berge hinaufführt und dann wieder abfällt. Die ganze Insel ist fast ausschließlich mit Olivenbäumen bepflanzt, nur zwischendurch gibt es eine Orangenplantage oder ein paar Zitrushaine. Niva hat das Seitenfenster heruntergekurbelt, um sich vom Fahrtwind kühlen zu lassen. Die Temperaturen auf der Insel kratzen mittlerweile an der 30-Grad-Grenze, in einigen Buchten wird bereits gebadet. Ein steiles Straßenstück führt jetzt in Serpentinen hinunter in den Ort Skala.

»Hoffentlich taugen die Bremsen etwas«, sagt Niva.

»Keine Sorge, das schaffen wir schon.«

Skala ist ein winziges Fischerdorf, besteht nur aus ein paar Häusern, zwei Tavernen und einem kleinen Hafen.

»Paradiesisch, nicht wahr?«, fragt Carmen und Niva kann dem nur zustimmen.

In einer der Tavernen trinken sie eine Cola und fahren dann eine Schotter- und Lehmstraße entlang, keine zehn Meter vom Meer entfernt.

»Hier, an dieser Küste sind die meisten angekommen«, sagt Carmen. »In einer Nacht waren es manchmal hunderte. Ohne die Hilfe der Einheimischen hätte das alles nicht funktioniert. Sie haben die Erstversorgung übernommen, Tee gekocht, heiße Suppen, für trockene Kleidung gesorgt. Paradies und Hölle existieren manchmal eben nebeneinander.«

Die Straße führt jetzt wieder in die Berge hinein, es geht steil hinauf, der Pick-up hat alle Mühe, sich hochzukämpfen.

»Da wären wir«, sagt Carmen, hält den Pick-up an.

Sie sind auf einem Plateau angelangt und das Erste, was Niva sieht, ist ein großes, eingezäuntes Areal, auf dem eine Unzahl von kleinen, kaputten Booten lagern, und dahinter ein riesiger Berg mit Müll.

»Was sollen wir auf einer Müllhalde?«, fragt Niva.

»Keine Müllhalde. Das ist der Life Jacket Graveyard. Alles, was du hier siehst, sind Rettungswesten, die von Flüchtlingen an der Küste, an der wir gerade entlanggefahren sind, liegen gelassen wurden. Tausende und abertausende von Rettungswesten.«

Carmen und Niva sind nicht allein am Gelände, ein paar Frauen mit Kopftuch und Männer wühlen in den aufgetürmten Halden, fast sieht es so aus, als würden sie nach etwas suchen.

»Es kommen viele hierher, die Angehörige verloren haben. Die bei der Überfahrt ertrunken sind. Ich glaube, sie hoffen, wenigstens die Schwimmweste zu finden, die sie anhatten.«

»Die sehen doch alle gleich aus«, sagt Niva.

»Ich weiß und sie wissen es auch. Aber die Lücke, die ein toter Angehöriger, ein Freund hinterlässt, den man nicht begraben kann, ist zu groß. Die Ungewissheit. Das führt die Menschen immer wieder hierher. Als wäre dieser Müllhaufen tatsächlich ein Friedhof, der ihnen ein bisschen Hoffnung gibt.«

Niva streunt zwischen den Schiffswracks hindurch, die hier so absurd auf diesem Berg herumliegen, mit dem Handy macht er ein paar Fotos, ein kurzes Video. Niva kommt dieser Ort irgendwie unwirklich vor, als wäre er auf einem anderen Planeten gelandet. Weiter unten steht ein Bagger mit platten Reifen neben einer Mauer, auf der »Shame on you Europe« aufgesprayt ist.

»Machst du ein Foto von mir?«, fragt Carmen.

Sie stellt sich vor der Mauer so auf, dass man den Spruch noch lesen kann, und hält ihren Mittelfinger in die Höhe.

»Das musste sein«, sagt sie und dann: »Komm jetzt, wir haben Wichtigeres zu tun.«

»Und was?«, fragt Niva.

»Mohammed will aus den Rettungswesten bags machen. Taschen. Oder Rucksäcke. Oder beides. Die man dann in unserem Shop in Myti verkaufen könnte. Das wäre eine Möglichkeit, ein wenig Geld für das Camp zu machen. Das klingt doch gut, oder?«

Carmen kann ihre Begeisterung kaum verbergen.

»Wir suchen die am besten erhaltenen Stücke heraus.«

Für Niva fühlt es sich die Idee nicht so gut an.

»Das ist fast so, als würde man Tote bestehlen«, sagt er.

»Im Gegenteil. Die Westen, die hier liegen, sind von denen, die überlebt haben. Das sind Rettungswesten der Hoffnung. Auch wenn es nicht danach aussieht.«

Bei der Fahrt zurück ins Camp sitzen sie schweigend nebeneinander. Niva versteht noch immer nicht ganz, was er da eigentlich gesehen hat. Was ist mit den Menschen bloß schiefgelaufen, denkt er. Wie können wir uns das nur gegenseitig antun? Wozu? Und warum?

»Was hältst du davon, wenn du heute einmal aus deinem Kaff herauskommst? Wir könnten in die Stadt gehen und uns ein wenig betrinken«, sagt Carmen, bevor sie im Camp ankommen.

Niva nickt.

»Das wäre vielleicht gar keine schlechte Idee.«

∆

WhatsApp-Nachricht von Andre:

Andre: *Gibt es da bei dir schwarze Weiber auch? Ich mein, so richtig schwarze?*
Niva: *Alles gibt's hier*

Andre: *Und hast du schon?*
Niva: *Was?*
Andre: *Was, was Idiot*
Niva: *Was?*
Andre: *Mensch, hast du schon mit einer? Mit einer schwarzen, so einer richtigen Schwarzen? Die sollen ein Wahnsinn sein, hab ich gehört*
Niva: *Mit dem Feind?*
Andre: *Weiber sind ausgenommen, Idiot.*
Niva: *Selbst Idiot.*

Δ

Die Hölzer für den Bau der Blockhütten sind endlich angekommen. Mit fast vier Monaten Verspätung. Trotzdem freuen sich alle im Camp wie die kleinen Kinder. Niva vor allem deshalb, weil es jetzt endlich richtige Arbeit für ihn gibt, Schluss mit Küchendienst und Wäscherei. Selbst das Gärtnern ist nicht wirklich seine Sache gewesen. Auch wenn Robin sich alle Mühe gab, es ihm schmackhaft zu machen. Aber immer nur in der Erde herumzuwühlen? Nein, danke. Zudem schienen die Pflanzen seinen Widerwillen zu spüren. Was auch immer er in die Erde brachte, nichts wollte wirklich gedeihen. Während die Tomaten und Gurken und Zucchini bei Robin in die Höhe schossen und mit dem Austreiben von Blüten gar nicht nachkamen, blieb bei ihm alles eher mickrig. Müsste er von dem, was er anpflanzte, leben, wirklich lange würde er es nicht machen, nach wenigen Tagen schon den Hungertod sterben.

»Grüne Daumen hast du echt nicht«, sagte Robin, der es mit Humor nahm. »Aber der gute Wille zählt.«

Immerhin hat es Niva geschafft, die Gartenbeete einigermaßen ansehnlich mit Steinen einzufassen und einen kleinen Pavillon zu errichten. Darunter machte es sich Robin zwischendurch im Yogasitz gemütlich, um ein wenig in sich zu gehen. Erbärmlich, fand Niva. Aber auch den Bewohnern gefiel es. Der Garten schien für sie alle eine magische Anziehungskraft zu haben. Bald war für Niva ohnehin kein Platz mehr, so viele Camp-Bewohner machten sich darin zu schaffen. Aber, das musste er zugeben, er sah wirklich beeindruckend aus in all seiner Farben- und Pflanzenpracht.

Zwischenzeitlich hat er Lasse auch in der Möbelwerkstatt ausgeholfen. Abdullah und Najem haben nach über zwei Jahren endlich einen positiven Bescheid bekommen, sie dürfen also bleiben und haben sich entschlossen, ein kleines Restaurant in Myti zu eröffnen. Gemeinsam haben sie dafür Möbel entworfen und gefertigt.

Und jetzt endlich – die Holzhäuser.

Die nächsten zwei Tage sind sie damit beschäftigt, die passenden Teile an die dafür vorgesehenen Örtlichkeiten zu schaffen. Jedes Holzstück muss in die Hand genommen werden, denn geeignete Maschinen dafür gibt es nicht. Zum Glück wurden die Teile einzeln gekennzeichnet, jetzt geht es nur mehr darum, sie in der richtigen Reihenfolge zusammenzubauen. Zuerst werden die Familien mit Kindern eine Hütte bekommen, für sie ist das Leben in den Zelten am beschwerlichsten. Jeder, der neben seinem eigentlichen Aufgabenbereich noch ein bisschen Zeit aufbringen kann, hilft mit. Und Niva ist so richtig in seinem Element. Die Eckpfeiler sind schnell aufgestellt, dann folgen die Querverbindungen, schließlich die Pfosten und Bretter für das Dach. Die erste Holzhütte ist binnen einer Woche fertiggestellt.

Zwei Neue sind im Camp angekommen. Sie kommen aus Syrien und sind jünger und viel schmächtiger als Niva. Fast wie kleine Kinder sehen sie noch aus. Sie haben sich bereit erklärt, Niva zu helfen, weil alle anderen mit ihren eigenen Aufgaben beschäftigt sind. Niva balanciert auf einem Dachbalken und die beiden heben gerade das schwere und lange Mittelstück zu ihm hinauf, als plötzlich ein dumpfes und doch lautes Dröhnen über dem Camp ertönt. Noch bevor Niva weiß, was überhaupt geschieht, schreien sich die beiden etwas zu, lassen den Holzbalken unvermittelt los und rennen davon. Noch immer schreien sie, so laut, dass alle im Camp aufgeschreckt werden. Das Dröhnen wird jetzt leiser, der Helikopter hat das Campgelände bereits überflogen. Niva hält den schweren Balken jetzt allein, flucht, und spürt in der Sekunde, wie er zu schwanken beginnt.

Bloß das Gleichgewicht halten, denkt er. Jetzt bloß das Gleichgewicht halten.

Aber alles geht so schnell, der Balken beginnt sich zu drehen, Niva kann sich nicht mehr halten. Er stürzt rücklings zu Boden, spürt einen stechenden Schmerz im Rücken und hat Glück im Unglück, weil der Balken sich verfängt und knapp über Niva hängen bleibt. Anderenfalls wäre er direkt auf seinen Kopf gekracht. Lasse ist jetzt bei ihm, hilft ihm auf die Beine.

»Alles in Ordnung?«, fragt er.

Niva hört die beiden noch immer schreien, es kommt von der Terrasse und Niva startet los, sein Kopf knallrot vor Wut. Die beiden haben sich unter dem großen Esstisch verschanzt. Niva packt einen von ihnen, zerrt ihn unter dem Tisch hervor.

»Verdammte Scheiße! Was ist mit euch los, ihr Wixer?«, schreit er. »Seid ihr alle völlig durchgeknallt?«

Steffi und Robin versuchen ihn zu beruhigen, aber Niva will sich nicht beruhigen. Um ein Haar wäre er von einem Dachbalken erschlagen worden wegen dieser Irren. Niva versucht jetzt auch, den zweiten Jungen unter dem Tisch herauszufischen, aber der Junge hält sich schreiend am Tischbein fest.

»Schluss jetzt!«, brüllt Robin. »Du brauchst hier nicht den Nazi zu spielen! Kapiert!«

Niva lässt den Jungen los.

»Wiederhol das noch mal.«

»Hier-nix-Nazi, kapiert!«, sagt Robin ruhig und langgezogen.

Niva schaut sich um. Steffi steht da, Lasse, Ashraf, Deniz, Karim. Auch Abdullah und Carmen. Alle, mit denen er die letzten Monate so eng zusammengearbeitet hat. Alle stehen nur da und schauen ihn an und Niva versteht. Er ist der Feind, ist es immer gewesen. Der Aussätzige, der nur hier ist, um seine Strafe abzuarbeiten. Weil er einem von ihnen das Gesicht zerschlagen hat. Bestimmt hat es sich im Camp herumgesprochen, wahrscheinlich hat es sogar Phillip jedem erzählt.

Nehmt euch in Acht vor dem. Das ist ein NAZI.

»Ihr könnt mich alle mal«, sagt Niva jetzt mit ruhiger Stimme.

Er marschiert aus dem Camp hinaus, Richtung Meer. Spürt die Blicke in seinem Rücken. Am liebsten würde er ins Wasser springen und einfach losschwimmen. Nichts wie weg von hier. Aber stattdessen hockt er sich einfach hin und wirft kleine Steine ins Wasser. Das hat er immer schon so gemacht. Ab an den Stausee und Steine ins Wasser werfen. Danach ging es ihm besser.

Es ist Steffi, die sich neben ihn hockt und ebenfalls ein paar Steine ins Wasser wirft.

»Was ist los mit dir?«, fragt sie.

»Mit mir?«, ätzt Niva. »Mit mir ist gar nichts los.«

»Die haben das doch nicht mit Absicht gemacht«, sagt Steffi.

»Ach, wie macht man das unabsichtlich? Das kannst du jemand anderen erzählen. Aber ich lasse mich von denen nicht verarschen. Das können sie mit euch machen, mit mir nicht.«

»Sie haben sich nur vor dem Hubschrauber gefürchtet, vor dem Dröhnen.«

»Ja, sicher«, entgegnet Niva. »Zeig mir einen, der sich vor einem Hubschrauber fürchtet.«

»Das Dorf, in dem die beiden gelebt haben, wurde bei einem Hubschrauberangriff zerstört. Dem Erdboden gleichgemacht. Keiner, bis auf die beiden, hat es überlebt. Eltern, Tanten, Onkel Geschwister, Nachbarn, alle tot. Kannst du dir das vorstellen? Deshalb haben sie so reagiert, nicht aus Spaß, nicht um dich oder uns zu verarschen, sondern aus Panik, weil sie nichts so sehr fürchten wie das Geräusch von Hubschraubern.«

»Aber jetzt sind sie hier und hier werden keine Dörfer beschossen.«

»Nicht jeder ist so ein tougher Bursche wie du, nicht jeder steckt alles einfach so weg«, sagt Steffi und wirft mit einer wütenden Bewegung einen Stein ins Wasser.

»Die beiden haben übrigens auch Namen. Sie heißen Muhtaz und Yasir. Sie sind Brüder und haben es allein aus Syrien bis hierher geschafft. Zwei Jahre sind sie unterwegs gewesen, das ist auch nicht schlecht, oder? Da kann man schon ein bisschen Angst haben ab und zu.«

»Immer diese Geschichten, nichts als Geschichten, ich kann das nicht mehr hören. Alle tot, alles kaputt, hilf, hilf«, blafft Niva.

Sie schweigen eine Weile.

»Ich habe fast den Eindruck, du suchst nach dem Negativen«, sagt Steffi. »Auch wenn du selbst schon nicht mehr wirklich daran glaubst. Als wärst du dazu irgendjemanden gegenüber verpflichtet, als hättest du Angst davor, dich um Dinge kümmern zu müssen, die mehr Courage erfordern, als die Dinge, für die du bis jetzt gekämpft hast.«

Was für ein Vortrag, denkt Niva, auch wenn er nur die Hälfte von dem verstanden hat, was Steffi gesagt hat. Sie braucht ihm nichts vorzumachen, letzten Endes läuft es doch nur auf »Alle gegen Einen« hinaus und dieser Eine ist er. Wie eine geschlossene Wand stehen sie vor ihm und dann ist es auch noch seine Schuld, wenn er sich daran den Kopf stößt.

»Ich bin halt so, wie ich bin«, sagt Niva.

»Und das heißt?«

»Dass ich eben so bin, wie ich bin. Niemand kann aus seiner Haut heraus. Das heißt es!«

»Ein dummer Spruch«, entgegnet Steffi. »Das würde ja bedeuten, alles muss immer gleich bleiben und nichts würde sich jemals ändern. Aber als Mensch sollte man es sich doch zutrauen, etwas dazuzulernen im Leben.«

»So habe ich das nicht gemeint«, sagt Niva.

»Ach, wie denn?«

»Ihr seid immer alle gegen mich. Das ist es. Als wäre ich der einzige Arsch auf der ganzen Welt. Das ist das Problem.«

»Vielleicht hättest du doch lieber ins Gefängnis gehen sollen? Da hättest du mehr von deiner Sorte getroffen und wärst nicht der einzige Arsch, sondern einfach einer unter vielen. Da wäre es dir bestimmt besser gegangen als hier, allein unter Feinden, die nichts anderes wollen, als dich zu vernichten.«

»Ja, genau!«, sagt Niva trotzig. »Das hätte ich tun sollen. Genau das!«

»Ich weiß, dass du nicht ganz freiwillig hier bist«, sagt Steffi. »Dass man dich mehr oder weniger gezwungen hat.«

»Hat Phillip das im ganzen Camp herumposaunt?«

»Ich weiß so ziemlich alles über die Menschen, die bei uns arbeiten. Ich muss das wissen, ich trage schließlich die Verantwortung für die Dinge, die im Camp passieren.«

Schöne heilige verlogene Welt, denkt Niva.

»Im Übrigen bist du hier gar nicht so allein, wie du denkst.«

»Ach, nein?«

»Im Camp kommt dir das vielleicht so vor, aber da draußen, da gibt es genug, die auf deiner Seite stehen. Die Steine und Flaschen auf uns werfen, damit wir endlich verschwinden. Darum haben wir den Spielplatz so weit nach hinten verlegt. Die Kinder müssen nicht die ersten sein, die es trifft. Es gibt sie auch hier, die, die uns lieber tot als lebendig sehen wollen, die in all den Menschen, denen wir Schutz bieten, nur Vergewaltiger und Mörder erkennen. Das für dich wahre und richtige und einzige Volk, Niva, das gibt es auch hier. Du musst es nur suchen.«

Niva schlägt die Tür seiner Bleibe hinter sich zu. Das hat er immer gemacht, wenn ihm alles zu viel wurde. Rückzug, mit sich allein sein. Nach ein paar Stunden ist die Welt wieder in Ordnung, die Gedanken klar. Aber heute ist es anders. Mit dem Knallen der Tür kommt nicht das vertraute Gefühl der Erleichterung, endlich mit sich allein zu sein. Im Gegenteil, er fühlt sich alleingelassen, er fühlt sich einsam, auch wenn er gar nicht genau weiß, was das ist: Einsamkeit. Trotzdem ist es da und er mag dieses Gefühl nicht, weil er es nicht einordnen kann, weil er nicht gelernt hat, damit umzugehen. Das macht ihn erst recht wütend.

Niva schnappt sich sein Handy und marschiert durch das Dorf, auf der Suche nach Gerümpel, nach Abfall, nach Mülltonnen, die überquellen. Alles, alles fotografiert er, nichts entgeht ihm. Ein Hinterhof, in dem sich Bauschutt häuft, ein verrostetes Auto, aus dem schon Gras herauswächst, die Stromkabel, die sich wie Schlangen an den Hauswänden entlangwinden, ein paar alte, ausgelatschte Schuhe neben einer Hausmauer. Klick, klick, klick.

Zufrieden kehrt er mit seiner Beute in sein Zimmer zurück. Lädt jedes der Fotos auf seiner Krakeloher Facebook-Seite hoch. Dazu schreibt er:

– *So siehts bei denen aus!!*
– *Wollen wir das?*
– *Das brauchen wir nicht!*
– *Dreck zu Dreck, aber nicht zu uns!!!*

▲

Niva zieht sich die Decke über den Kopf, würde am liebsten sterben. Seit zwei Tagen hat er Fieber und Dünnschiss. Pendelt zwischen der Toilette und seinem Bett, zu mehr ist er nicht in der Lage. Er hätte es wissen müssen, denn das kleine Ecklokal in Myti, in dem er sich das Gyros bestellte, sah alles andere als vertrauenswürdig aus. Aber jetzt ist es zu spät. Carmen hat ihm zu Mittag Gemüseeintopf aus der Campküche gebracht, Nancy am Morgen einen Tee. Beides steht noch unberührt neben ihm am Nachtkästchen. Sein T-Shirt ist durchgeschwitzt, es ist bereits das dritte, das er sich heute angezogen hat. Sein Magen gibt ständig seltsame Geräusche von sich, alles in seinem Inneren scheint in Aufruhr zu sein.

»Das wird schon«, sagte Carmen, aber Niva kann dafür keine Anzeichen erkennen.

Δ

Heute sind am Nachmittag dunkle Wolken aufgezogen und ein Sturm, der die Bäume, die er vom Bett aus sehen kann, wild hin und her wogen lässt. An den Blockhäusern weiterzubauen, wäre unter diesen Umständen ohnehin nicht möglich. Bis ins Zimmer kann er das aufgewühlte Meer toben hören. Es geht ihm schon wieder besser und auch die Stimmung im Camp hat sich nach dem Zwischenfall wieder beruhigt. Die beiden jungen Syrer haben sich bei ihm entschuldigt und er bei ihnen. Sie haben sich die Hände gereicht, damit war die Sache erledigt. Einzig mit Robin ist die Sache noch nicht ganz bereinigt, noch immer herrscht zwischen ihnen eine Distanz, die beide noch nicht überwinden können. Auf die Krakeloher Facebook-Seite hat Niva seit damals noch nicht geschaut, weil er gar nicht wissen will, wie die Menschen auf seine Postings reagiert haben.

Er muss eingeschlafen sein, denn als er von einem wilden Hämmern an seiner Tür geweckt wird, ist es draußen schon stockdunkel.

»Die Tür ist offen«, schreit Niva, seine Stimme klingt ziemlich kraftlos.

Es ist Robin, der hereinstürmt.

»Niva«, ruft er aufgeregt. »Wir brauchen dich!«

»Was, mich, den Nazi?«, ätzt Niva.

»Keine Zeit für diese Dinge. Man hat ein Boot an der Küste gesichtet, ein großes Boot, voll mit Menschen. Die haben keine Chance, bei diesem Sturm an Land zu kommen.«

»Mein Leben ist mir wichtiger«, sagt Niva. »Wenn ich jetzt bei dem Wetter da raus gehe, bin ich selbst tot.«

»Du hast keine andere Wahl! Wir brauchen jeden Mann.«

Und ob ich eine andere Wahl habe, denkt Niva. Soll Robin, dieses Arschloch, sich doch selbst darum kümmern.

»Du bist der Letzte, der mir was zu sagen hat«, entgegnet Niva. »Und jetzt verschwinde, lass mich in Ruhe.«

Robin schlägt die Tür wütend hinter sich zu und keine zwei Sekunden später steht Phillip im Zimmer.

»Ich weiß, dir geht es beschissen, aber jetzt musst du über deinen Schatten springen. Da draußen bahnt sich eine Katastrophe an.«

»Keine Chance«, beharrt Niva. »Ich gehe da nicht raus.«

Er hat seine Zeit fast abgebüßt, sechs Monate hat er sich abgerackert und jetzt reicht es ihm.

Wieder scheint Phillip seine Gedanken erraten zu können.

»So leicht kommst du nicht davon. Wenn du dich jetzt nicht aufraffst, dann war all das hier umsonst, das verspreche ich dir. Dafür werde ich sorgen.«

Niva hat Phillip noch nie so wütend gesehen, so entschlossen. Er lässt keinen Zweifel daran, dass er sein Versprechen auch in die Tat umsetzen würde.

»Du hast eine Minute Zeit!«

Fuck, fuck Phillip, fuck Robin, fuck die Kanaken, denkt Niva während er sich aus dem Bett kämpft und in seine Kleidung schlüpft.

Die Ladefläche des Pick-ups ist überfüllt mit Freiwilligen aus dem Camp, Niva zwängt sich dazwischen, zieht sich die

Jacke über den Kopf, denn mittlerweile hat es auch heftig zu regnen begonnen.

»Unsere Leuchtmänner haben uns alarmiert, das wird schlimm.«

Erst jetzt bemerkt Niva, dass Carmen neben ihm sitzt. Die Leuchtmänner sind Freiwillige aus dem Camp, die nachts an der Küste mit Taschenlampen patrouillieren, um Flüchtlingsbooten, die die Überfahrt wagen, einen Anhaltspunkt zu geben. Auch Niva war ein paar Mal für diese Aufgabe eingeteilt gewesen. Der Wind peitscht den Regen jetzt mit solcher Gewalt gegen den Pick-up, dass reden nicht mehr möglich ist, alle halten ihre Köpfe gesenkt, die Hände schützend gegen die Gesichter gepresst. Die Fahrt kommt Niva unendlich lange vor, der Pick-up rast ein steiles Straßenstück hinunter, bleibt dann an einem schottrigen Küstenweg stehen, wo schon einige Menschen auf sie warten. Mit ihren Taschenlampen leuchten sie auf das aufgepeitschte Meer hinaus. Man hört die verzweifelten Hilfeschreie, noch bevor man etwas erkennen kann. Jetzt kann man in einiger Entfernung die Umrisse des Bootes in der Dunkelheit erkennen, das hilflos von den aufschäumenden Wellen hin und her geworfen wird. Die Freiwilligen stehen schon bis zu den Hüften im Wasser, noch müssen sie warten, bis das Boot ein bisschen näher kommt.

»Hierher, hierher!«, schreien sie und winken mit ihren Taschenlampen.

Niva hat sich hinter einem krummen Baum verschanzt. Mit dieser Sache hier will er nichts zu tun haben, davon ist nie die Rede gewesen, das ist eindeutig nicht seine Aufgabe. Niemals würde er freiwillig da hinausstapfen. Was, wenn eine Welle ihn erfasst und mit hinausreißt? Wer würde sich dann um ihn kümmern? So ein guter Schwimmer ist er auch wieder nicht. Und sein geliebter Stausee hat mit diesem Meer, das völlig außer Rand und Band zu sein scheint, so gar nichts zu tun.

Nur ein toter Kanak ist ein guter Kanak.

Genau, denkt Niva. Das ist der eigentliche Grund, warum er sich bereit erklärt hat, auf diese verdammte Insel zu kommen. Das ist die Mission, die er von zu Hause mitgenommen hat.

Und wenn die mit dem Boot ankommen, dann ersäufst du sie gleich. Einen nach dem anderen.

Ersaufen, ja. Sollen die doch ersaufen. Was hat das mit ihm zu tun? Er ist dafür nicht verantwortlich, er hat niemanden gezwungen, in so ein Scheißboot zu steigen. Aber die machen das einfach und dann soll er dafür geradestehen? Haben sie ihn gefragt? Nein! Keiner hat ihn gefragt. So wie ihn auch die Richterin und Peters nicht gefragt haben und auch seine Eltern nicht. Er spielt keine Rolle, für niemanden, alle nehmen sich das Recht heraus, über sein Leben zu bestimmen. Für ihn zu entscheiden, was richtig oder falsch ist, was er zu tun oder zu lassen hat. So ist es doch.

Das Boot hat jetzt fast die Küste erreicht, immer wieder wird es von Wellen hochgeworfen, einige werden hinausgeschleudert, als wären sie Puppen.

Zurück ins Meer. Fischfutter.

Niva hat sich hingehockt, hält sich die Handflächen vor die Ohren, weil er das Geschrei nicht mehr ertragen kann.

Die armen Fische, müssen schon wieder Dreck fressen.

Warum ersaufen nicht einfach alle? Auch diese verfuckten Gutmenschen, die sich so aufspielen, die sich für was Besseres halten und glauben, sie können die Welt retten. Aber das ist nicht seine Welt, mit dieser Welt will er nichts zu tun haben. Soll sie doch auch ersaufen! Keinen Millimeter wird er sich bewegen, wird hier einfach abwarten, bis alles vorüber ist.

»Ersauft! Ersauft doch alle!«, schreit er jetzt in den heulenden Wind hinein.

Es ist Carmen, die plötzlich vor ihm steht und ihn an den Schultern hochreißt.

»Komm jetzt, verdammt, komm!«, schreit sie und Niva lässt es geschehen, lässt sich von ihr hinzerren zu den wütenden Wellen, hinein ins Wasser. Das Boot taucht wie ein dunkler, dämonischer Schatten vor ihm auf, eine Welle schleudert es in hohem Bogen zur Seite, keiner kann sich mehr halten, alle werden von diesem wild gewordenen Pferd abgeworfen. Niva spürt, wie sich der Boden unter seinen Füßen bewegt, wie er unter ihm weggezogen wird. Panik überkommt ihn, nichts wie raus hier, denkt er, zurück an Land. Aber dann taucht plötzlich eine Frau vor ihm auf, ihre Augen sind weit aufgerissen, sie scheinen in der Dunkelheit zu leuchten. Sie hält etwas in der Hand, presst es gegen Niva.

»My baby, my baby!«, schreit sie.

Eine Welle reißt sie wieder zurück, sie taucht unter, kommt wieder nach oben, keucht, schnappt nach Luft.

»My baby, my baby!«, schreit sie wieder und wieder und Niva hält etwas in Händen, ein nasses Bündel, das er instinktiv nach oben reißt. Er balanciert es über seinen Kopf, über dem wütenden Wasser, das nach ihm greift, es zu erreichen versucht.

Es gehört mir, gib es mir!

Aber Niva will nicht, er will es nicht mehr hergeben.

»Nein!«, schreit er wie ein Verrückter. »Nein!«

Das Meer greift jetzt auch nach ihm, er spürt seinen Sog, wie es ihn hinausziehen möchte, aber Niva stemmt sich dagegen mit all seiner Kraft, stemmt sich gegen den fließenden Boden unter ihm. Und dann hat er sicheres Land erreicht. Er läuft, das Bündel fest an sich gepresst, zu dem Baum, der ihm vor kurzem noch Schutz geboten hat.

»Jetzt bleibst du hier, Niva«, sagt er zu sich selbst. »Jetzt bleibst du einfach hier und rührst dich nicht mehr von der Stelle.«

Δ

»Du hast Besuch«, sagt Steffi.

Niva steht in der Campküche und schnipselt gerade Gemüse für das Abendessen. Es geht ihm mittlerweile besser und er ist gerade dabei, wieder zu Kräften zu kommen. Ein bisschen Zeit wird er sich noch gönnen, ein, zwei weitere Tage vielleicht noch, dann das Projekt Hüttenbau wieder in Angriff nehmen. Noch immer stehen zu viele Zelte am Campgelände, Niva wäre froh, wenn sie endlich verschwinden würden. Robin hat ihm einen ganzen Korb seines selbst geernteten Gemüses in die Küche gestellt.

Die unsichtbare Mauer, die zwischen ihnen gestanden hat, existiert nicht mehr.

»Allein ist man gar nichts«, sagte er und Niva hat diesen Spruch nicht einmal blöd gefunden.

Niva legt das große Küchenmesser zur Seite.

Besuch? Seltsam, denkt Niva, wer sollte ihn hier schon besuchen?

»Sie haben wirklich alle Hebel in Bewegung gesetzt, um dich zu finden«, sagt Steffi.

Auf diesem Gebiet hat Steffi gewisse Ähnlichkeiten mit Carmen. Beide lieben es, in Rätseln zu reden. Eine Frau und ein Mann tauchen in der Tür auf. Als Niva die Frau sieht, weiß er sofort, wer sie ist. Er hat ihr Gesicht zwar nur kurz gesehen, einen Augenblick nur, aber ihre Stimme würde er dafür nie mehr in seinem Leben vergessen. *My baby, my baby.* Auch sie scheint Niva sofort zu erkennen und nickt ihrem Mann zu, der sofort auf Niva zustürmt und ihn umarmt.

»Thank you, thank you so much«, flüstert er Niva ins Ohr und streicht ihm dabei immer wieder über den Kopf, durch die Haare. »Thank you, thank you, thank you.«

Als er von Niva ablässt, kommt die Frau auf ihn zu, hält ihm das Bündel, das sie im Arm hält, entgegen.

»Take it«, sagt sie. »Take it.«

Niva nimmt das Bündel in die Hand, betrachtet es lange und schweigend. Noch nie hat er ein schöneres Baby gesehen als dieses. Seine Augen hat es ganz weit geöffnet und am Kopf sprießt schon eine ganz schöne, dunkelschwarze Haarpracht.

»Sie wollen es nach dir benennen«, sagt Steffi.

Die Frau und der Mann nicken heftig.

»Yes, please«, sagen sie gleichzeitig.

Schon wieder ein Steffi-Rätsel, denkt Niva. Was soll das heißen, nach mir benennen? Er versteht gar nichts mehr und das Bündel in seiner Hand beginnt jetzt, sich kräftig zu räkeln. Niva gibt es der Mutter zurück.

»Niva Maziar Therani«, sagt der Mann, und die Frau: »His name. That's his name. Please.«

Niva weiß nicht, was er dazu sagen soll, ein richtig fetter Kloß steckt in seinem Hals und er nickt nur stumm. Der Mann umarmt Niva noch einmal, dann gehen sie.

∆

Mit ein paar Sätzen hat Niva die Treppe zum Bürogebäude hinter sich gelassen, klopft an die Tür und tritt ein, ohne ein

»Herein« oder »Ja, bitte« abzuwarten. Phillip sitzt hinter dem Schreibtisch und beendet gerade ein Telefonat.

»Ich habe schon auf dich gewartet«, sagt er und schiebt Niva einige Formulare über den Tisch. »Ein paar Unterschriften brauche ich noch, das war es dann.«

Er macht dabei einen zufriedenen Eindruck.

»Dein Freifahrtschein«, sagt Phillip. »Ab sofort bist du wieder ein freier Mensch.«

Niva bückt sich über den Schreibtisch und unterschreibt mit dem Kugelschreiber, den Phillip ihm hinhält.

»Hier und hier und hier«, sagt Phillip und tippt dabei mit dem Zeigefinger auf die Formulare.

Niva schiebt ihm die unterschriebenen Formulare zurück.

»War es schlimm?«, fragt Phillip und Niva zuckt mit den Achseln.

»Weiß nicht«, sagt er und dann fügt er noch ein »Geht so« hinzu.

»Du hast gute Arbeit geleistet hier«, sagt Phillip. »Ich glaube fast, die im Camp mögen dich.«

Er hält Niva ein Kuvert hin.

»Das Flugticket nach Hause. Diesmal geht es ohne Umwege direkt zurück in die Heimat.«

Niva nimmt das Kuvert, betrachtet es eine Zeit lang.

»Danke«, sagt er und Phillip nickt.

Niva verlässt das Büro, holt sich einen Kaffee und setzt sich auf die Terrasse. Das Kuvert legt er vor sich hin. Das ist er also, sein *Freifahrtschein*, der ihn zurückbringen wird in sein früheres, sein richtiges Leben. Zurück zu seinen Eltern, zu seinem Job, zu Andre, zu Klaus, zu Franko. Er wird endlich wieder auf richtigen Dächern herumsteigen, natürlich ohne sich abzusichern, endlich wieder ein richtig kühles Bier genießen, am besten am Stausee, mit Lagerfeuer aus Schwemmholz und ein paar Grillwürstchen. Sie werden über den Tag reden, was sie erlebt haben, werden über Frauen Witze reißen. Das alles wird ihm sein Freifahrtschein, der hier vor ihm liegt, zurückgeben.

Es fühlt sich gut an, denkt Niva, es fühlt sich so richtig gut an.

Kurz sieht er sich in seinem Zimmer, in der elterlichen Wohnung. Wäre es nicht wahrhaft an der Zeit, endlich auszuziehen? Er öffnet im Gedanken das Fenster, schaut in Richtung Hotel, das so lichterloh gebrannt hat, ein richtiges Feuerwerk – *Advent, Advent* – sieht all die Funken, hört die Sirenen der Feuerwehren, das Jubeln der Menschen, die sich ihr in den Weg stellen, sieht sich, wie er die Coladose aus dem Fenster schleudert – *Für euch, ihr Scheißbullen.* Warum ist er damals nicht mit hinunter? Hat sich nicht den Krakelohern angeschlossen, die für den Erhalt ihrer Stadt gekämpft haben? Er ist schließlich der Held gewesen, er hat das Ganze erst in Gang gebracht, ihm verdanken sie es, dass der Ort sauber geblieben ist. Und keiner kann ihm etwas anhaben, er hat es so gut gemacht, lautlos, spurlos, dass ihn niemand jemals als Täter würde identifizieren können. Die Ermittlungen sind bereits eingestellt, die Hoffnung, den Schuldigen doch noch zu finden, auf null gesunken. Darauf kann er stolz sein.

Niva steckt das Kuvert in die Jackentasche, geht noch einmal in die Küche, in der Masoon gerade dabei ist, einen Riesentopf auszuwaschen. Er ist so in seine Arbeit vertieft, dass er Niva gar nicht bemerkt, und Niva will ihn nicht stören, also marschiert er Richtung Strand, wo die Küstenstraße vorbeiläuft, die auch zum Flughafen führt. Niva schlägt die entgegengesetzte Richtung ein, zur Stadt Myti hin. Es sind nur ein paar Kilometer und Eile hat er keine. Der Flug ist erst für den nächsten Tag gebucht. Er hockt sich unter eine Pinie, denn obwohl es erst zehn Uhr Vormittag ist, brennt die Sonne schon kräftig und der kühle Schatten ist angenehm.

– *Strafvollzug beendet*, tippt Niva in sein Handy. *Bin wieder frei.*

Es dauert keine Minute, bis eine Antwort von Klaus kommt. Aus dem *Hinterland*, wie es Carmen immer nannte.

– *komm bloß schnell zurück. Wir brauchen dich hier!!!Die wollen wieder ein paar Kanaks ankarren, die wixxxer. Der Krieg geht weiter!!!*

Länger als eine Stunde braucht Niva nicht, bis er im Hafen von Myti angelangt ist. Am Quai stehen ein paar ältere Männer und fischen. Eine der riesige Blue-Star-Fähren, vielleicht dieselbe, die ihn vor sechs Monaten auf dieser Insel ausspuckte, liegt im Hafenbecken.

Landung in der Strafkolonie.

Niva kramt die Zigaretten aus seiner Umhängetasche, es ist eine von den ersten, die Mohammed aus den Rettungswesten angefertigt hat, zündet sich eine an. Die Stadt, wie immer, pulsierend und laut, es wird gehupt, die Menschen rufen sich von einer Straßenseite zur anderen etwas zu, die Mopeds schlängeln sich zwischen den Autos hindurch, am Marktgelände, das sich durch die engen Gassen erstreckt, herrscht Gedränge, man muss vorsichtig sein als Fußgänger, vor allem die Mopedfahrer kennen kein Pardon. Und dennoch liegt über all dem lauten Treiben eine gewisse Leichtigkeit. Die Menschen wirken weniger verbittert, sie drängen zwar, aber sie befinden sich in keinem Kampf, im Gegenteil. Anfangs hat Niva diese laute Gelassenheit kaum ausgehalten, mittlerweile hat er sich so daran gewöhnt, dass er befürchtet, er könnte es vermissen, sobald er wieder zu Hause sein würde.

Verrückt, denkt Niva, du bist wirklich verrückt. Nichts wirst du vermissen. Sei bloß froh, dass du von hier wegkommst. Zu Hause wirst du gebraucht. Wie Klaus es geschrieben hat: *Der Krieg geht weiter!!!*

Niva kauft an einem Stand zwei Kilo Tomaten, dazu Paprika, Gurken, ein paar Zwiebeln. Er hat es sich zur Angewohnheit gemacht, jedes Mal, wenn er das Lokal von Abdullah und Najem besucht, eine Kleinigkeit für die Küche mitzubringen. Auch wenn es nur ein bisschen Gemüse ist, freuen sich die beiden immer riesig darüber. Das Lokal ist fast immer gut besucht, die beiden sind glücklich, dass sie es geschafft haben, sich hier ein Leben aufzubauen. Fast einen Monat lang hat Niva im Camp, gemeinsam mit Lasse und Abdullah, an den Möbeln für das Lokal gearbeitet. Tische, Stühle, Theke – jedes einzelne Teil ist durch seine Hände gegangen. Seltsamerweise hat Niva während dieser Arbeit eine Zufriedenheit verspürt, wie er sie von zu Hause nicht kannte. Abdullah war sehr geschickt im Umgang mit Holz, viel gelacht haben sie, haben sich gemeinsam über jedes gelungene Teil gefreut, sich gegenseitig den nach oben gestreckten Daumen gezeigt.

Niva überreicht Najem das Gemüse, setzt sich dann an einen Tisch im Freien, trinkt eine von den selbstgemachten Zitronenlimonaden. Er sieht Carmen, die gerade an einem Marktstand einkauft. Er ruft ihren Namen, winkt ihr zu. Carmen setzt sich zu ihm und Niva zeigt ihr das Kuvert.

»Mein Freifahrtschein«, sagt er.

»Ich weiß, freut mich für dich. Du fliegst morgen?«

Noch bevor Niva antworten kann, piepst sein Handy »Nachrichten aus dem Hinterland?«, fragt sie und grinst ihn dabei an.

»Wahrscheinlich.«

Nivas Freunde sind euphorisch.

– *Endlich, Alter*, schreibt Andre. *Wird Zeit, dass du wieder unter Menschen kommst.*

Und Franko:

– *die Assis warten schon.*

»Du hast hier sehr viel für uns getan. Die schönen Holzhäuser, das war gute Arbeit. Was hast du jetzt vor, wenn du wieder zu Hause bist?«, fragt Carmen.

»Weiß noch nicht«, entgegnet Niva und nippt an seiner Limo.

Sie schweigen eine Weile und kurz überlegt Niva, ob er Carmen vom Brandanschlag erzählen soll. Was würde sie dann wohl von ihm halten? Aber so weit kommt es nicht.

»Ich muss weiter. Die warten im Camp auf mich. Du kommst doch noch vorbei?«

»Natürlich«, sagt Niva.

Niva scrollt auf seinem Handy die WhatsApp-Nachrichten durch, die er verschickt hat, seit er hier ist.

– *Holt mich hier raus, bitteeeee!!!!!*, hat er einmal geschrieben. Daran kann er sich gar nicht mehr erinnern. Er ruft auch die Facebook-Seite auf. Sieht sich die Fotos an, die er hochgeladen hat. Die Mülltonnen, das verrostete Auto.

In einem hat Carmen recht. Er hat sich ganz schön hineingekniet bei den Holzhäusern. Aber zu Ende gebracht hat er es nicht. Zehn Häuser liegen noch immer am Stapel, die waren wegen der Verspätung nicht mehr zu schaffen.

Niva klappt den Deckel seines Handys auf, nimmt die Chipkarte heraus. Dann nimmt er ein Feuerzeug und hält den Chip darüber.

»Zahlen«, ruft er ins Lokal.

»Das ist okay, Niva«, ruft Najem zurück.

Niva steht auf, legt einige Münzen auf den Tisch.

»Wir sehen uns«, sagt er und geht.